DE RAMBURES.

3ᵐᴱ PARTIE DE LA MÉTHODE MUSICALE.

NOTATIONS COMPARÉES

ET

ART D'ÉCRIRE LE CHANT A LA DICTÉE

AUSSI VITE QU'IL EST ÉMIS,

OU

STÉNOGRAPHIE MUSICALE.

2ᵐᵉ ÉDITION.

ÉCRITURE DE LA MUSIQUE : NOTATION PAR LETTRES
NOTATION MIXTE, NOTATION USUELLE,
NOTATION STÉNOGRAPHIQUE ET NOTATIONS DOUBLES
EXPOSÉES SUCCESSIVEMENT

PARIS.

RÉGNIER-CANAUX,
RUE SAINTE-APPOLINE, 17,
Près de la porte Saint-Denis.

BLANCHET
RUE CROIX-DES-PETITS-CHAMPS, 9,
Près de la rue Saint-Honoré.

1855.

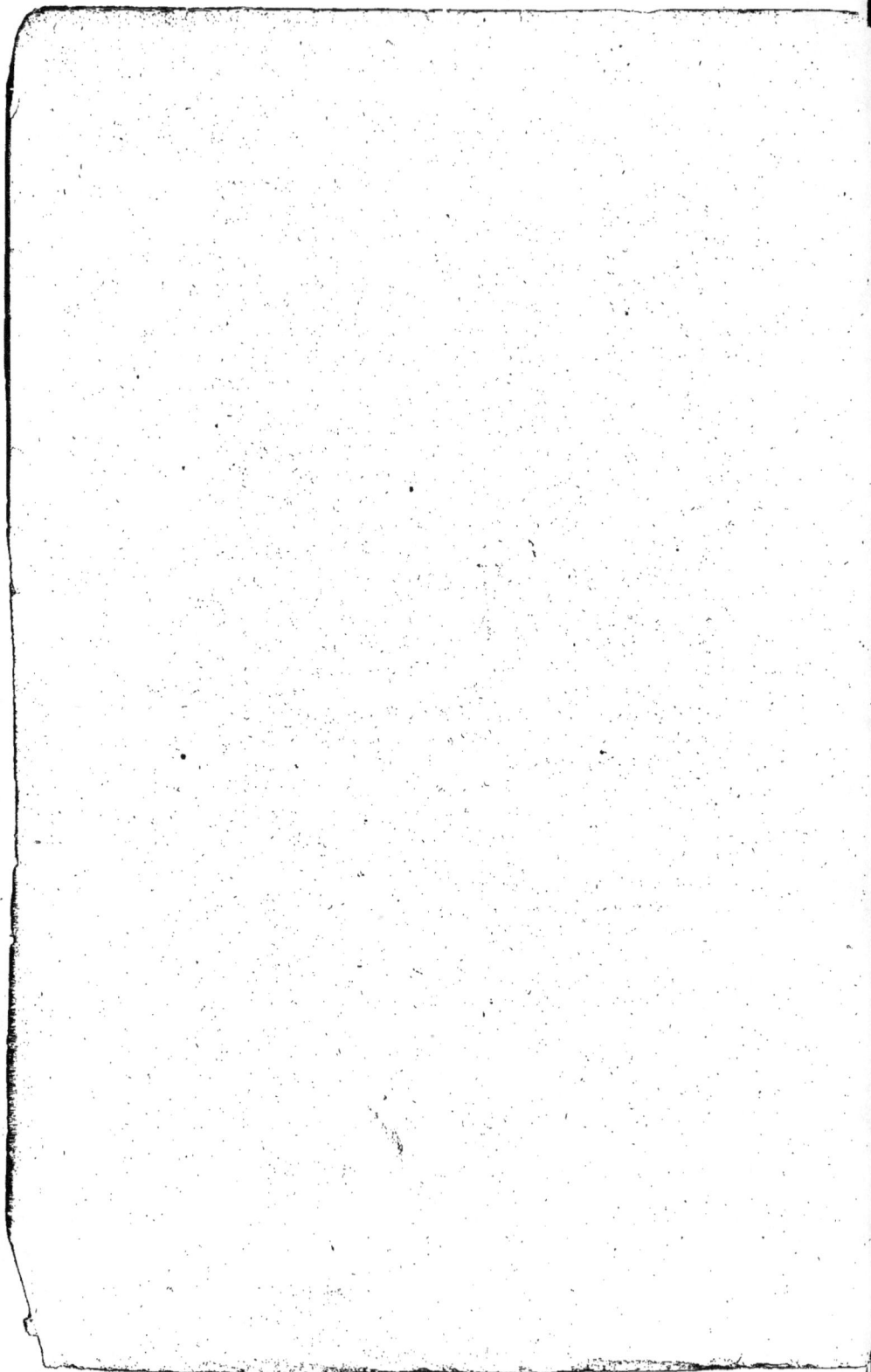

NOTATIONS DE LA MUSIQUE.

Abbeville. — Imp. Jeunet,

NOTATION MUSICALE STÉNOGRAPHIQUE.

DE RAMBURES.

3ᴹᴱ PARTIE DE LA MÉTHODE MUSICALE.

NOTATIONS COMPARÉES

ET

ART D'ÉCRIRE LE CHANT A LA DICTÉE

AUSSI VITE QU'IL EST ÉMIS,

ou

STÉNOGRAPHIE MUSICALE.

2ᵐᵉ ÉDITION.

ÉCRITURE DE LA MUSIQUE : NOTATION PAR LETTRES,
NOTATION MIXTE, NOTATION USUELLE,
NOTATION STÉNOGRAPHIQUE ET NOTATIONS DOUBLES
EXPOSÉES SUCCESSIVEMENT.

PARIS.

RÉGNIER-CANAUX,   BLANCHET,
RUE SAINTE-APPOLINE, 17,   RUE CROIX-DES-PETITS-CHAMPS, 9,
Près de la porte Saint-Denis.   Près de la rue Saint-Honoré.

1855.

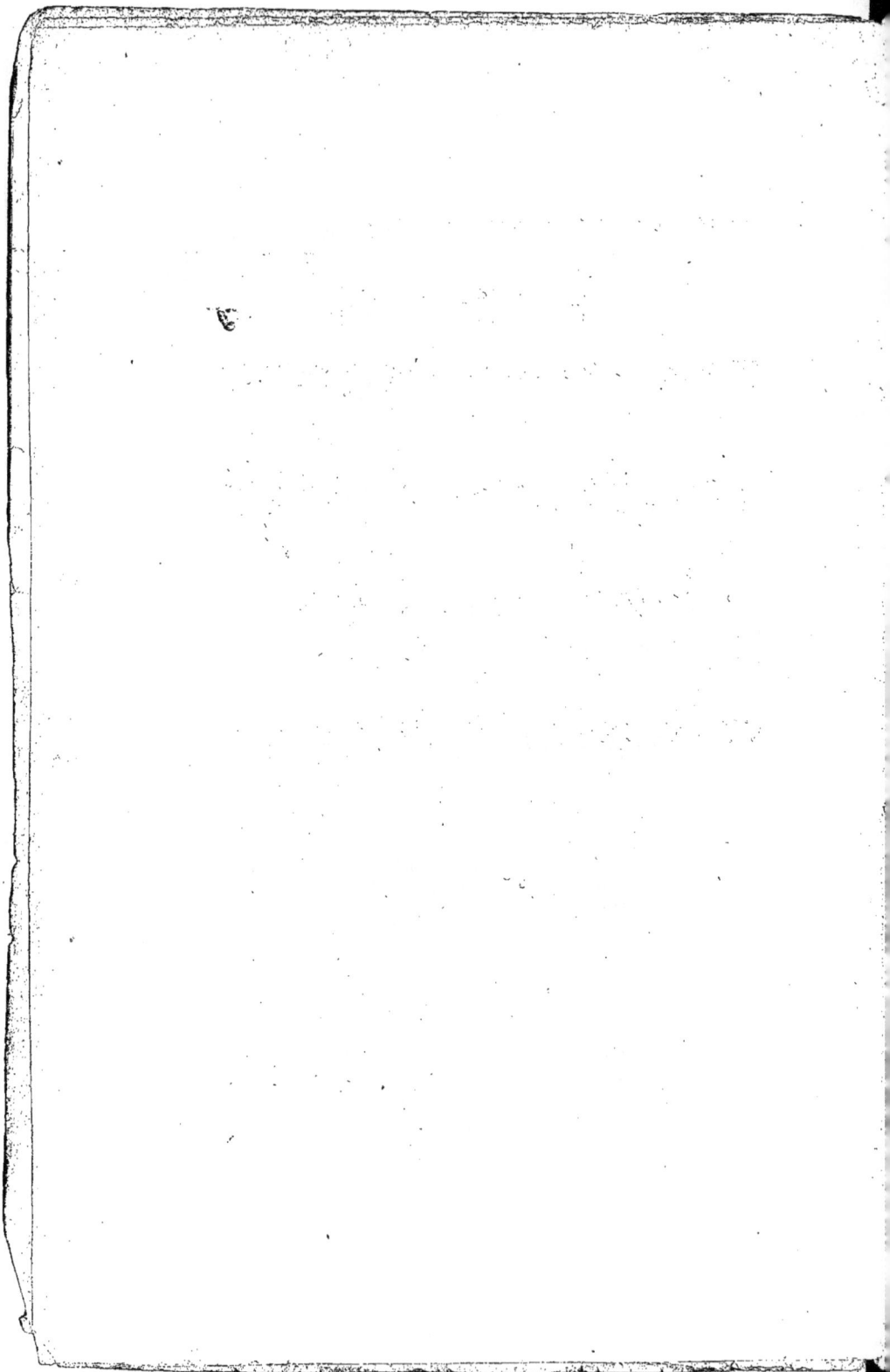

AVANT-PROPOS.

Toute l'économie de cette 3e partie de la méthode roule sur les applications de la théorie musicale aux divers systèmes de notation qui peuvent s'en déduire : notation appelée usuelle, parce que le temps l'a consacrée; notations mixtes, ou intermédiaires, servant à apprendre la musique et à passer de là à la lecture de la musique, sur et avec les moyens usuels.

Ces notations mixtes sont basées :

1° Pour la lecture *phonique* des intonations, sur les lois alphabétiques qui doivent régir toute lecture rationnelle des langues ;

2° Pour la lecture *rhythmique* des durées, sur les lois arithmétiques qui doivent régir toute analyse numérale des unités, soit multiples, soit fractionnaires.

Tels sont les systèmes : 1° de lecture phonique.

Représentés par { des lettres que nous proposons ;
des chiffres arabes employés par Paris-Chevé ;
des chiffres sténographiques que nous préférons.

2° De lecture rhythmique selon le système de la notation usuelle, *reformée*, simplifiée par *Galin*, et s'appliquant indifféremment aux lettres, chiffres arabes, chiffres sténographiques et points de la notation par lignes.

Selon notre méthode, les éléments de la musique étant appris à l'aide de l'une de ces notations mixtes, l'on passe à la lecture de la notation usuelle, dont les notations mixtes ont eu pour but de dévoiler le mécanisme et les imperfections, et de faire rendre à l'élève un compte exact des principes qui la constituent.

Pour la dictée musicale, complément de toute fructueuse et solide instruction musicale, les chiffres sténographiques d'intonation qui ont servi, comme notation mixte, à apprendre les éléments de la musique et de la lecture de la notation usuelle, ne sont pas perdus comme le seraient des lettres ou des chiffres, ils reviennent fort à-propos pour être utilisés dans l'étude de la dictée et même de la composition PAR LA STÉNOGRAPHIE MUSICALE, art d'écrire la musique par la voie la plus courte possible. C'était le *dernier* complément demandé pour l'enseignement musical.

EN RÉSUMÉ :

A l'égard des perfectionnements dont l'enseignement de la musique était susceptible, cette méthode a pour principal objet de faire réaliser pour la musique trois emprunts auxquels l'on a dû le perfectionnement des langues, du calcul et de l'écriture ; l'alphabet unitaire, substitué pour la lecture aux hiéroglyphes ; les chiffres unitaires, substitués pour l'arithmétique aux chiffres romains ; la géométrie, appliquée à l'écriture comme chemin le plus court d'un point à un autre.

Le principe alphabétique est appliqué par les signes unitaires servant à la désignation phonique des notes de musique ; le principe arithmétique des durées musicales est démontré par le système de *Galin* ; et enfin le principe géométrique reçoit pour l'écriture, par la combinaison sténographique des mêmes signes jouant le rôle alphabétique pour la lecture, une application rationnelle et logique constituant une notation abréviative ou sténographie musicale. De tout cet ensemble, formant la présente méthode, résulte un système *un*, *complet*, et relié dans toutes ses parties.

AVIS SUR CETTE TROISIÈME PARTIE.

Dans la deuxième partie de cette méthode, consacrée spécialement à l'analyse grammaticale de la musique, nous avons divisé la théorie de la musique en deux titres distincts : premièrement, celui de l'intonation écrite avec des signes dont le tracé nous paraissait le plus logique et le plus rationnel sous le point de vue géométrique ; secondement, celui de la durée écrite d'après la classification irréfutable de *Galin*, également la plus rationnelle sous le point de vue arithmétique. Ici, dans la troisième et dernière partie, nous traitons plus spécialement des procédés graphiques de la notation musicale, intonations et durées réunies ; ces procédés ayant pour but de faciliter, soit la pratique élémentaire de la lecture musicale, soit les diverses combinaisons de la sténographie musicale (proprement dite).

Pour simplifier la lecture de la musique sans déroger en rien aux moyens usuels admis dans la pratique de la musique, et laisser par là dans le néant les objections d'innovations et de changements de notation qui sont le grand cheval de bataille de tous ceux qui veulent bien admettre un progrès dans les méthodes de musique, mais sans la base essentielle et radicale, qui est le perfectionnement de la notation pour la lecture, nous proposons un moyen tellement simple qu'il ressemble à l'œuf de *Christophe-Colomb*, c'est-à-dire qu'il n'est venu avant nous à la pensée de personne de le proposer ; ou plutôt ce n'est qu'une réminiscence des procédés que le bon sens nous avait inspiré, lorsque dans l'enfance nous voulûmes apprendre la musique. Nous nous rappelons que, trouvant d'instinct ou d'inspiration que les notes de musique seraient beaucoup plus faciles à lire par les lettres même de la solmisation qu'elles ne l'étaient par les points sur les lignes, nous avions pris le parti d'écrire le nom syllabique des notes par leurs consonnes, seulement au-dessus des points, et de ne faire attention aux points que pour les valeurs qu'ils représentaient. Nous trouvions, dans ce procédé pour la lecture, un avantage qui prouve envers et contre tous ceux qui prennent pour un argument irréfragable l'habitude qu'ils ont contractée de la notation usuelle, que, pour les commencements, il est plus facile de lire la musique sur une notation alphabétique que sur une notation usuelle. Donc, en bonne logique, pour apprendre la musique comme toute autre chose, il faut aller du plus simple au plus composé, du plus facile au plus difficile. C'est tout ce que nous voulons établir pour une méthode de musique, sans prétendre qu'il faille plus tard négliger la notation usuelle dont nous recommandons au contraire l'étude, mais seulement lorsque les abords de la musique auront été facilités par une notation plus simple et plus élémentaire.

En proposant ici, tout en commençant, les consonnes détachées de la solmisation usuelle comme notation en dehors des autres moyens dont nous nous sommes servis, nous voulons prouver que nous sommes étranger à toute idée systématique, et que nous n'avons d'autre pensée que d'amener les amateurs du progrès musical à répéter nos expériences et à se persuader enfin que c'est dans la lecture et dans l'écriture de la musique plus ou moins facilitées au commun des hommes, que repose dans l'avenir le plus ou moins de succès de toute propagande musicale.

Chose étonnante! l'on rencontre beaucoup d'amateurs qui, frappés du petit nombre d'adeptes que possède l'art musical, désirent sincèrement voir s'élargir les rangs des vrais musiciens; ils appellent de tous leur vœux, ils couronnent de leurs applaudissements la moindre tentative faite pour la vulgarisation de l'art: eh bien, dans cet élan de leur cœur et de leur intelligence, la chose qu'ils oublient d'encourager, de recommander, est la seule sur laquelle repose tout l'avenir de la propagation de la musique, à savoir la proposition des moyens expérimentateurs nécessaires pour décider une fois pour toutes

la question de supériorité, où des méthodes fondées sur la notation usuelle, ou de celles fondées sur les principes alphabétiques. Là est tout le problème. Lorsque d'un côté des forces
immenses de temps, d'argent, d'influences, sont dépenses en
pure perte pour produire un mince résultat, il est facile de prévoir ce que produiraient, avec les mêmes forces, des systèmes qui
ont réussi sans grande dépense de temps, sans budget de l'Etat
ou des villes, et sans influences.

Nous avons déduit au tome II précédent les motifs qui
nous faisaient préférer pour la vulgarisation de la musique,
par l'application de notre méthode, les signes qui nous avaient
servi à former une sténographie musicale à l'usage des musiciens artistes pour écrire le chant aussi vite qu'il est entendu,
nous n'y revenons pas : nous dirons seulement ici que la sténographie musicale se divise en deux parties, l'une méthodique
et populaire, et l'autre purement artistique.

Après l'exposé de la notation par la solmisation usuelle, nous
passons au développement théorique du système de *notation
mixte* par les signes sténographiques employé dans le tome
Ier et II, et sur lequel repose toute la composition typographique
des publications musicales produites et à produire comme corol-
laires et applications de la méthode.

Ce système de notation mixte n'est rien autre chose que les
éléments rhythmiques de la notation usuelle, combinés avec les
signes d'intonation de la sténographie musicale. Par là, il n'y
a réellement à apprendre à lire, en différence de la notation
usuelle, que 7 notes seulement, répétées les mêmes à chaque
octave. Tout le reste est conforme à cette notation, puisque les
signes notes de la sténographie musicale, tout comme les points
de la notation usuelle, se façonnent en ronde, blanche, noire,
croche, double-croche, etc. etc., avantage que l'on ne rencontre
ni avec les lettres, ni avec les chiffres arabes ; par conséquent,
le passage d'une notation à l'autre se fera avec la plus grande
facilité.

De là nous passons à l'exposé de la sténographie musicale
proprement dite, comparée avec la notation usuelle qui, dans
les tableaux lithographiés, est toujours mise en regard et en

parallèle, pour que les deux systèmes puissent se traduire réciproquement.

La sténographie musicale demande une étude toute spéciale, car le système de notation des durées n'y est plus le même que dans la notation usuelle et la notation mixte. Aussi avons-nous maintes fois remarqué que la grande difficulté pour lire la sténographie musicale pure, de la part des commençants qui avaient déjà quelque teinture de la notation usuelle, consistait, non dans la perception du signe comme intonation, mais uniquement dans la distinction des valeurs, différentes comme nous venons de le dire d'avec la notation usuelle. En effet, la sténographie musicale se spécialise d'avec les signes sténographiques d'intonation, lesquels, employés sans ligne d'écriture, c'est-à-dire sur un seul espace ou alignement, ont été combinés avec le système rhythmique usuel ou le système de *Galin* pour former une notation mixte.

. Il faut donc bien distinguer entre les 7 notes d'intonation de la sténographie musicale, constituant avec leurs octaves une notation mixte, tout comme les lettres ou les chiffres arabes, et les mêmes signes se combinant par la liaison avec une ligne horizontale tracée à l'avance, le tout formant la sténographie musicale proprement dite (art de suivre le chant aussi vite qu'il est émis). La première notation, la notation mixte, peut servir aux commençants d'initiation à l'étude de la musique, pour passer plus tard à la lecture usuelle, ou encore de typographie musicale et populaire, pouvant rendre la musique accessible aux masses, comme l'est aujourd'hui la lecture au moyen de la librairie à bon marché. La seconde notation, la sténographie musicale, ne peut servir qu'aux artistes ou aux musiciens devenus habiles. Nous avons remarqué que l'on s'égarait souvent dans de vaines objections pour n'avoir pas fait attention à la distinction que nous mettons ici sous les yeux, et sur laquelle nous insistons.

TITRE PREMIER.

EXÉCUTION DE LA MUSIQUE

Rendue dans son intonation et ses durées beaucoup plus facile à exécuter et plus simple à écrire, sans changer les moyens usuels et rompre les habitudes des musiciens.

—

Beaucoup d'amateurs de musique qui, comme nous, ont cherché à populariser et à répandre le goût et l'étude de la musique parmi les travailleurs, n'étant pas bien pénétrés des avantages que pourrait offrir l'emploi des signes sténographiques comme copie extrêmement facile et rapide, comme sténographie musicale en un mot, ainsi que nous le prouvons dans le titre 3 de cette troisième partie, se refusent à entrer dans nos vues sous ce rapport. Ils ne jugent cette sténographie qu'au coup-d'œil et ne veulent pas sortir de la première impression de répulsion que l'on ressent toujours à la vue d'une chose non recommandée par les gens à crédit scientifique et dont l'opinion fait celle du public. Heureusement pour la sténographie musicale qu'elle s'est prouvée par elle-même, comme le mouvement, en marchant.

Il y aurait moyen cependant de s'entendre par des concessions réciproques.

Déjà, page 192 du tome II, au titre de l'intonation, nous avons démontré comment l'on pourrait se servir de quatre octaves des simples consonnes des syllabes de la solmisation que tous les musiciens connaissent, pour noter toutes les intonations. Nous pourrions en rester là. Il va de soi qu'en employant le système des lignes rhythmiques horizontales de la notation usuelle, combinées sur les signes d'intonation, comme le propose *Galin*, l'on peut rendre toutes les valeurs de la musique. Mais comme en toute proposition nouvelle, même la plus simple, la plus vulgaire, il faut, pour être compris, tout dire et mettre les points sur les *i*, nous allons démontrer comme quoi en employant les consonnes seules des syllabes, ou les syllabes entières si l'on veut de la solmisation, que tous les musiciens connaissent, il suffirait de poser sur ces consonnes les figures de durées de la notation usuelle pour former par là un système de lecture et d'écriture musicales éminemment populaire, qui, sans rien déroger aux habitudes antérieures et précédemment acquises des musiciens, puissent néanmoins offrir pour la lecture et la copie de la musique quelques uns des avantages de la sténographie musicale.

Nous soutenons que le tracé des consonnes

t	*r*	*m*	*f*	*s*	*l*	*z*
t	r	m	f	s	l	z
T	R	M	F	S	L	Z

pour

u....t, r....é, m....i, f....a, s....ol, l....a, z....i,

surmontées au besoin des lignes additionnelles horizontales, comme dans la notation usuelle pour les fractions de l'unité de durée, est plus rapide qu'un point rond qu'il faut remplir d'encre et auquel il faut ajouter une queue, puis très souvent les accessoires croches, doubles-croches, etc. Si l'on adoptait la distinction des octaves par la différence des majuscules pour la première, et par l'opposition des pentes à droite et à gauche pour les deux autres, l'on pourrait marquer les dièses et les bémols sur ou sous la note, par les signes ● et ⊂, que nous avons indiqués ci-après. Si au contraire l'on trouvait plus commode d'indiquer l'octave inférieure par un point marqué sous la note, l'octave intermédiaire par la lettre seule, et l'octave supérieure par un point placé au-dessus de la note, comme l'a fait Galin avec l'emploi du chiffre, alors l'on marquerait les dièses et les bémols soit par les signes ordinaires mis avant la note qu'ils affectent, soit par des barres obliques traversant la lettre de droite à gauche pour le dièse, de gauche à droite pour le bémol.

Une notation constituée de la sorte doit être lue et interprétée à vue par un musicien, s'il sait solfier, puisqu'il retrouve l'idée musicale représentée dans toute son intégrité avec

des signes qu'il connaît d'avance, par la pratique, tout aussi
exactement que s'il s'agissait de la notation usuelle non modifiée.

Pour donner à cette notation encore plus de similitude avec
la notation usuelle, au lieu de marquer les valeurs multiples de
l'unité de temps, telles que les notes de deux, de trois et de
quatre temps, par les points augmentatifs, ainsi que le fait *Galin*,
l'on pourrait, nous le répétons, poser sur les lettres-notes un zéro
qui, selon sa configuration, signifierait la *ronde*, la *blanche pointée*
et la *blanche*.

Nous ne pensons pas que les musiciens habitués exclusive-
ment à la notation usuelle aient la moindre objection à faire
contre ce moyen bien simple. En vain, dira-t-on que dans ce
système l'on ne voit pas la progression ascendante et descendante des intervalles aussi bien que par la position des points
ronds sur les lignes, et que cette progression aide conséquem-
ment la voix à monter ou à descendre; oui, mais la voix peut
monter juste ou faux; l'œil voit bien que la voix doit monter,
mais non pas sur quel point précis du degré voulu pour que
le son soit juste; voilà cependant ce que l'œil devrait aussi
démontrer à la voix et à l'oreille pour que l'objection soit fondée.

Peu importe donc le calcul de l'œil qui ne serait utile dans
ce cas que pour le dessin; mais en fait de musique, car c'est
de musique qu'il est question, la fonction de l'œil consiste uniquement par une figure quelconque (la moins compliquée sera
toujours la meilleure), à donner par l'intermédiaire de la mémoire, à la voix aidée de l'oreille, le son juste, précis, exact
de la note, ni plus ni moins. Voilà les opérations qui déterminent
le phénomène de la lecture du chant. L'argument tiré de la facilité
que doit donner pour le chant l'analogie de signes qui montent
ou descendent, est absolument faux, surtout pour ceux que des
expériences contradictoirement faites ont mis à même de justifier, par la pratique, ce que le raisonnement seul suffirait à
démontrer aux esprits impartiaux et non prévenus.

Nous avons insisté déjà bien des fois et nous insistons encore
ici à l'occasion, sur cette objection, car c'est elle que le vulgaire des croque-notes caresse avec le plus de complaisance,
et c'est par cela même celle qui s'oppose le plus à la vulgari-

sation de la musique au moyen du chant, par l'influence qu'elle exerce sur le public incompétent.

D'ailleurs, en admettant que cette objection soit vraie pour le chant, en quoi pourrait-elle être applicable à la musique instrumentale. Pour un instrument, il ne s'agit pas de faire une note avec le secours que semble donner sa position ascendante ou descendante, mais uniquement par le nom que porte sa figure en rapport avec tel ou tel doigté que le nom seul de cette figure rappelle.

Si nous parlons ici de la musique instrumentale, c'est à cause de la musique militaire en cuivre, cette branche importante de la musique populaire qui, par la facilité des doigtés procurée par les pistons ou cylindres, par la grande baisse de prix opérée depuis quelques années sur ces instruments, tend surtout à gagner dans les communes rurales un terrain encore neuf à exploiter et auquel il ne manque que des initiateurs.

Comme, dans la musique militaire, la copie des cartes joue un grand rôle pour la création des répertoires variés propres à intéresser les exécutants, la sténographie musicale, comme spécialité, se trouve déjà employée dans un certain nombre de localités uniquement par la facilité, la rapidité et l'économie de la copie dont les élèves se chargent eux-mêmes en transcrivant de la notation usuelle, répertoire matricule, en notation sténographique, les morceaux qui conviennent à leur partie instrumentale particulière.

Des musiciens, déjà au courant de la notation usuelle, ont adopté la sténographie musicale, non par système ni idée préconçue de l'enseignement, mais uniquement parce qu'ils y trouvent un avantage immense de copie.

Le procédé que nous proposons ici est un terme moyen pris dans la notation usuelle et préférable pour la lecture et la rapidité de la copie aux points noirs sur les lignes.

Le progrès est relatif au goût et aux idées : la réalisation du progrès absolu, que nous avons cherché dans des combinaisons géométriques, ne saurait nous empêcher d'applaudir à un progrès quelconque, quelque relatif et secondaire qu'il nous paraisse. Si les amateurs du progrès musical ne veulent pas noûs suivre sur le terrain que nous avons parcouru, parce que nous allons trop loin, nous leur proposons des stations, au moins ils auront marché, ils seront sortis de l'ornière, et c'est beaucoup. Pour nous, notre tâche a été de chercher le mieux, et pour ne pas mentir à cette mission, nous serions les premiers à briser la collection des divers progrès que nous avons pu trouver pour faciliter la notation et la lecture musicale, si demain il nous était démontré qu'il y a quelque chose de mieux à mettre en place.

TITRE II.

NOTATION MIXTE

Par les signes de durée, combinés avec les 7 notes sténographiques.

(Voyez 5ᵉ tableau, 2ᵉ mode de la sténographie musicale, pages 10, 11, 12, 13 et 14) des planches lithographiées ci - jointes à la fin du volume.

—

CHAPITRE I,

Signes d'intonation.

Les mêmes que tous ceux désignés et employés au titre premier du tome II précédent et à la page 1ʳᵉ, tableau 1ᵉʳ, nᵒ 4 des planches lithographiées.

—

CHAPITRE II.

Signes de durée.

Ces signes répondent parfaitement par leur configuration et leur dénomination aux signes de durée de la notation usuelle.

Exemple pour les trois dernières octaves.

Signes des silences y relatifs.

	Notes de :
Rondes.	4
Blanches pointées.	3
Blanches.	2
Noires pointées.	
Noires.	1
Croches détachées.	1/2

Notes formant groupes sous des barres horizontales pour désigner et peindre les fractions de l'unité de temps.

Croches.	1/2
Doubles croches.	1/4
Triples croches.	1/8
Quadruples croches.	1/16

etc.

etc.

etc.

2

Pour le rapport et la règle de durée (voyez le Titre II du Tome II.)

CHAPITRE III.

Signes complémentaires propres aux 3 modes de la sténographie musicale.

Si la sténographie musicale n'avait pour but la recherche des éléments graphiques les plus simples et les plus rapides pour tous les éléments employés dans la langue musicale, la nomenclature des signes sténographiques s'arrêterait ici, et l'on pourrait se contenter pour tout le reste des signes complémentaires ordinaires, employés dans la notation usuelle. Mais comme à ces signes peuvent en être substitués d'autres, ou plus courts à tracer, ou constitués de manière à éviter toute confusion avec des signes déjà employés précédemment, il importe de terminer la série des signes déjà appliqués à l'intonation et à la durée, par ceux qui restent applicables comme signes conventionnels, signes accessoires et signes expressifs.

SECTION 1re. — 1° Signes conventionnels.

Les signes conventionnels sont ceux qui évitent au musicien la peine de marquer au long, ou plusieurs fois sur ses ouvrages, les intentions qui se représentent souvent, et que, pour abréger, l'on exprime par des caractères convenus.

Emploi du trait perpendiculaire. Barres de mesures, de reprises.

Un trait perpendiculaire, comme dans la notation usuelle, indique la séparation d'un nombre toujours égal d'unités de temps, dont la quotité forme le chiffre de la mesure marqué en tête du morceau. Exemple :

Barre de mesure. | et ‖ double barre, coupe de phrases ou périodes.

L L ⌐ Barres de reprises, indiquant la reprise de la quantité de mesures comprises entre un crochet et un autre crochet, double barre ou accolade. { } Signes de commencement ou de fin.

⸾ Signe de renvoi au commencement, dit : da capo, ou D, C.

Ces signes, les seuls employés dans la notation usuelle, ne suffisent pas et ne répondent pas à tous les cas de reprises qui peuvent se présenter dans la pratique. C'est pour cela que, faute d'indications suffisantes, l'on reproduit deux fois dans la copie de la musique des périodes semblables, parce qu'aucun des procédés usuels, indiqués plus haut, ne peuvent s'y appliquer. Comme le but de la sténographie musicale est principalement d'abréger autant que possible la copie, nous allons indiquer ici, par le moyen universel de marquer d'une manière claire toutes les reprises, celui d'éviter toute confusion et de marquer les reprises les plus éloignées entre elles. Pour cela, il suffit de chiffres et de lettres d'appel.

Ainsi, dans tout morceau où entrent des reprises, les coupures de phrases où commencent, où aboutissent des reprises, seront indiquées par des chiffres qui les numérotent.

Ces chiffres se placent par ordre de reprises au niveau de la double barre ou de la barre à crochet, du côté qui leur appartient. Lorsque les mêmes chiffres sont répétés, cela indique qu'il faut reprendre à partir de l'endroit ou le chiffre se répète, à la barre où se trouve le même chiffre, jusqu'à l'apparition d'un autre chiffre.

Dans la répétition d'une même phrase musicale il peut se trouver des variantes pour terminer la reprise, la 2e fois. Lorsque ces variantes sont placées pour terminer le morceau, ce qui arrive le plus ordinairement, l'on indique le point de la variante par une double barre surmontée d'un F, abréviation du mot fin, et la variante s'indique par un *f* placé au côté droit de la barre qui termine la reprise à laquelle elle appartient.

Lorsque ces variantes se trouvent dans des reprises autres que celles de la fin, l'on peut employer, pour les indiquer, les lettres a, b, c, d, e, etc., selon l'ordre alphabétique.

Les exemples suivants feront saisir ces explications.

N° 1 Allegro 1, 1, 2.

N° 2 Andante 1, 1, 2, 2, F.

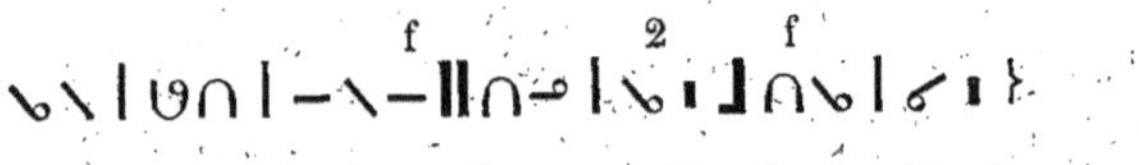

N° 4 *Andante* 1, 1, 2, 2, *f*,

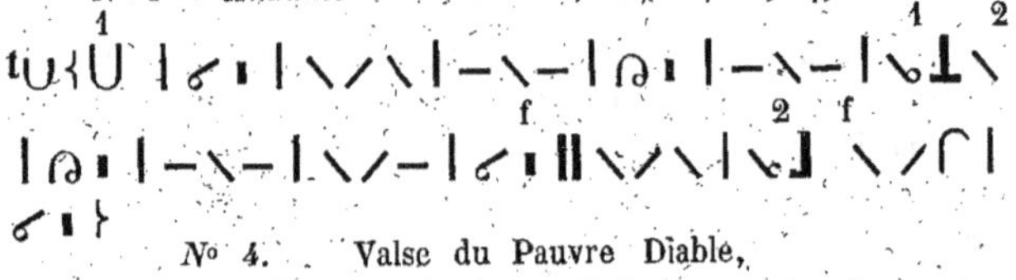

N° 4. Valse du Pauvre Diable,

Allegro 1, 2, 1

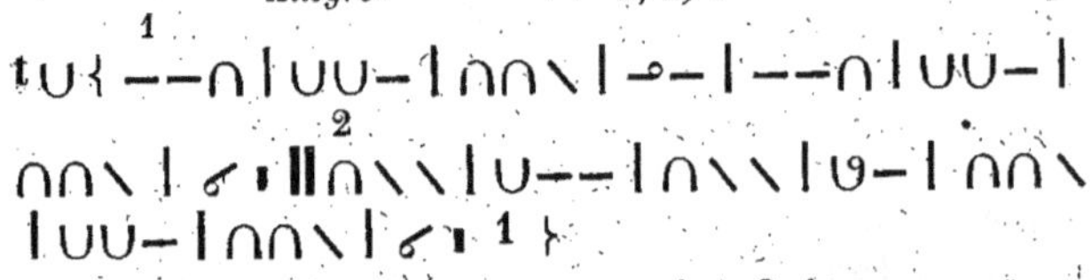

N° 5 *Allegretto.* 1, 1, 2, 1

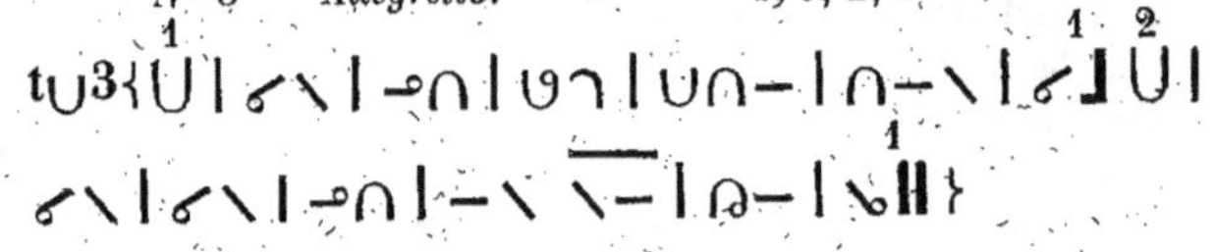

N° 6. *Andante* 1, 1, 2

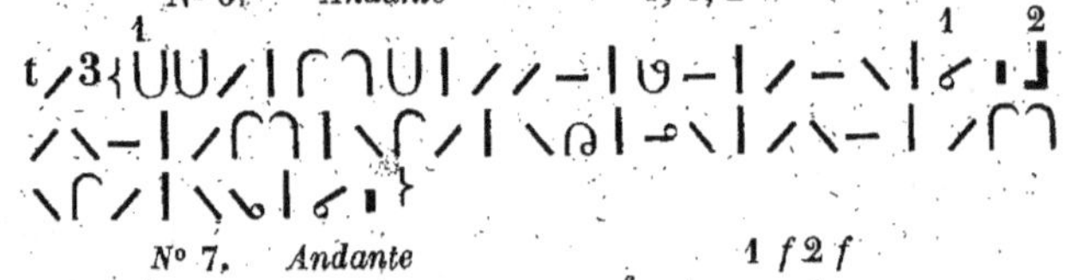

N° 7. *Andante* 1 *f* 2 *f*

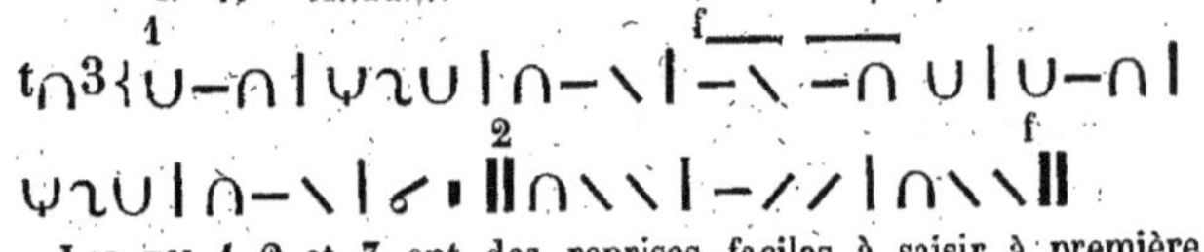

Les nos 1 2 et 3 ont des reprises faciles à saisir à première vue. Les nos 4 et 5 présentent l'application de l'emploi de la lettre f combinée avec les chiffres. Il est facile de voir que la lettre f, qui veut dire pour finir, n'est applicable qu'à la reprise du chiffre 2. Le n° 7 présente le cas exceptionnel d'une reprise pour finir, à chercher dans le milieu du morceau.

Les exemples qui précèdent ne sont cités ici que pour faire connaître l'usage des chiffres et lettres de rappel. Les cas de reprises qu'ils représentent peuvent, à la rigueur, être résolus par les moyens ordinaires. Néanmoins, ils suffisent pour faire connaître et comprendre la solution des cas exceptionnels de reprises, où les moyens usuels sont incomplets ou insuffisants. Aimé Paris emploie des lettres pour le même objet ; nous nous sommes rencontré dans la même idée réalisée par des signes différents.

SECTION 2. — 2° Signes accessoires, ou signes destinés à indiquer diverses modifications accidentelles des sons.

Modifications des durées.

SIGNES DE SUSPENSION : Temps d'arrêt ou point d'orgue ꒜ ou ꒷ sur ou sous la note.

SIGNES DE RALENTISSEMENT : Ralent.

SIGNES DE GROUPES EXCEPTIONNELS : triolets quintolets sixolets.

SIGNES D'EXPRESSION OU DE NUANCES.

1° D'ARTICULATION : détaché piqué sec sur une seule note. sur plusieurs.

Coulé, servant également aux liaisons pour syncopes, s'emploie lorsqu'aucune articulation ne doit se faire sentir sur l'ensemble des notes qu'il couvre.

2° D'INTENSITÉ doux ou piano — P
fort ou forté — F
très piano — PP
très forté — FF
piano forté — PF
forté piano — FP

ou bien

L'un de ces signes, placé sur une note, indique que l'ensemble de toutes celles qui suivent subit le genre d'intensité qu'il indique, jusqu'à ce que l'apparition d'un autre signe d'intensité donne le signal du contre-ordre.

3° D'ACCENTUATION : Le signe du piano s'étendant sur une série de notes par une ligne de prolongement et terminé par le crochet du haut, indicateur du *forté*, exprime le *crescendo*, c'est-à-dire le renflement insensible du son appliqué à l'ensemble des notes qu'il couvre.

Ex.

C'est le contraire avec le signe du forté.

Ex.

Jonction des deux genres.

Signe d'*attaca subito*, c'est-à-dire signe d'accentuation prononcé sur une seule note, et cessé immédiatement sur les notes suivantes :   etc.

4° SIGNES DE FIORITURES OU D'ORNEMENT.

1° *Notes d'agrément ou appoggiature.*

etc.

L'appoggiature n'est autre chose qu'une petite note placée devant une note principale à la distance d'une seconde majeure ou d'une seconde mineure, soit en dessus, soit en dessous. Cette petite note est sans valeur quant à l'harmonie, mais elle a une valeur mélodique fort importante à considérer. Quant à sa durée, elle l'emprunte à la note qu'elle précède ; cette durée est de moitié, si la note principale est une ronde, une blanche ou une noire ; si l'une de ces notes est pointée, la durée de l'appoggiature est des deux tiers. L'appoggiature est préparée lorsqu'elle est précédée d'une note sur le même degré. Ex.

Appoggiatures.   Appoggiatures préparées.

effet.   effet.

Le mot *appoggiature* vient du mot italien *appoggiare*, qui signifie appuyer, parce que la note au moyen de laquelle on forme cet agrément, semble prendre la note principale pour point d'appui. Le son de cette petite note doit être un peu renforcé. (Voyez page 6, N° 15 des planches.)

2° Le *gruppetto* est un agrément d'exécution qui consiste dans l'assemblage de 3 petites notes que l'on fait passer rapidement devant une note principale ; ces 3 notes sont la note principale elle-même, précédée de celle qui se trouve sur le degré immédiatement inférieur et suivie de celle qui se rencontre sur le degré supérieur, si le gruppetto est en dessus, et précédée au contraire du degré supérieur et suivie du degré inférieur, si le groupe doit être en dessous.

Dans ces deux cas, la note inférieure doit toujours être à distance d'une seconde mineure de la note principale, le gruppetto s'annonce souvent par le signe ∞, dans cette position il indique le gruppetto en dessous, autrement ⌇ il indique le gruppetto en dessus. Ex.

Gruppetto   effet.   gruppetto   effet.
descendant.   ascendant.

Traduction ta a a a é zé fé né ta é   ta a a a é zé fé né taé

Si la note inférieure du gruppetto doit être diésée ou bécarisée accidentellement, cela se reconnaît par l'existence d'un de ces accidents au-dessous du signe.

effet.   effet.

Traduction ta a a a é zé fé né taé   ta a a a   é zé   fé   né   taé

(Voyez N°ˢ 16 et 17 des planches.)

Le gruppetto donne du relief à la mélodie, mais il ne doit pas être prodigué outre mesure comme il arrive souvent.

3° Le trill est indiqué par le signe +.

4° Le mordent, par le signe ≀. Ces signes se placent sur la note qu'ils affectent.

Voyez à ce sujet les tableaux lithographiés et leurs explications.

N°ˢ 19 et 20 de la page 6 des planches.

Exercices comparatifs en notation usuelle solfiée par la langue des intonations et traduite par le système de notation mixte fondé sur les signes usuels et sténographiques combinés.

CANONS A DEUX VOIX. — PREMIER SPÉCIMEN.

1° Gamme à intervalles conjoints directs :

N. - B. — 1° Les canons ci-après n'ont été notés que sur les deux clés les plus usitées, et pour les voix intermédiaires des deux genres, c'est-à-dire pour les barytons, ou leur octave les moyens dessus, comme étant les plus à portée des commençants.

Pour les trois canons ci-après, les voix posent et prennent l'intonation sur le point d'orgue. L'exécution du canon ne commence qu'après la barre de reprise.

da. da da, ré ré, mi mi, veu ve.

bo bo, gu gu, zou zou, ta ta, zou zou, gu gu.

bo bo, veu ve, mi mi, ré ré, da Sou, da.

Le canon est, comme nous l'avons vu, une pièce de musique dans laquelle la mélodie s'accompagne par elle-même, étant prise successivement par 2, 3, 4 ou un plus grand nombre de voix ou d'instruments, à la distance d'un certain nombre de temps ou de mesures, de telle manière que ces voix ou ces instruments forment une harmonie agréable et correcte.

MODE D'EXÉCUTION DU CANON.

1° Chaque canon sera d'abord entonné à l'unisson par tous les registres de voix qui le parcoureront ainsi une première fois dans toute sa longueur et jusqu'à la fin.

2° Puis, le ou les exécutants les premiers inscrits dans l'ordre d'entrée recommenceront seuls, et lorsqu'ils passeront sous le signe § ou sous la lettre **A**, les deuxièmes inscrits rentreront à leur tour et ainsi de suite pour les autres.

3° Après que la ou les voix les premières inscrites auront parcouru huit fois le canon, elles s'arrêteront tout-à-coup au point d'orgue ou sur la note qui suit la première barre de reprise pour attaquer ensemble la ou les dernières mesures. Lorsqu'il y a un coda, il se fait sur le même temps une suspension générale sur toutes les voix, et, après une mesure de silence, tous les exécutants attaqueront le coda final.

Les canons à 2 et 3 parties seulement ne sont répétés que 5 ou 6 fois par les voix inscrites et celles qui suivent.

2° Exercices à intervalles conjoints *brisés*. N° 1.

CANON RÉCAPITULATIF.

va, ba, ga. ba va, ma va, ma. ar, da. Sa, da, ra.
ve, bo, gu. bo ve, mi ve, mi. réé, da. sou da, ré.

ma, va, ga. ba va, ma va, ma. ra, ma, va. ma ra, da ra, da.
mi, ve, gu. bo ve, mi ve, mi. ré, mi, ve. mi ré, da ré, da.

Sa, da, ra. da ra, ma va, ma. ar, ba. da.
Sou, da, ré. da ré, mi ve, mi. réé, bo. daa.

Les sons prolongés seraient dans le système de Galin pris d'une manière absolue, notés ainsi ╱ │ │ au lieu de ⌇ │ et ⌠ ╱ ╲ au lieu de ⌠ ╱ ╲ et ⌐⌐ au lieu de ⌐⌐.

Dans la langue des durées ce morceau s'analyserait ainsi :

Mesures 1ʳᵉ taé, aé, aé. | 2ᵉ taté, taté, taé. | 3ᵉ taé, taé, taé. etc. 11ᵉ taé, aé, taé. | 12ᵉ où il y a un effet de prolongation : taé, até, taé. | 13ᵉ taé, taé, até. | 14ᵉ taté, taté, taé. | puis enfin les deux dernières taé, aé, taé. | taé, aé, chuu. | chu u u. Dans ce choix de mesures l'on trouve le modèle suffisant pour pouvoir analyser sans être embarrassé toutes les autres mesures de ces 2 morceaux et des morceaux suivants :

3º Exercices à intervalles conjoints *brisés*. Nº 2.

ta.   ta. lé, ni, feu.   po, feu, po, cu.

po feu, ni, lé, ni, feu. ni lé, ta zou, ta, lé. ni, lé, ni, feu.

po, feu, ni, lé.   ta, lé, ta, zou.   ta.

Traduction sténographique dans le système Galin.

Analyse des durées.

ta é aé aé aé | ta é ta é ta é ta é | id. | ensuite
ta té ta té ta é ta é etc., etc.

Exemple des diverses associations de la voyelle et de la consonne, par le moyen de la variété des tons musicaux et des
modulations dans les deux modes sur des mélodies en canon
à 3, 4, 5, 6, 7, 8, etc. voix, de plusieurs auteurs.

4º A 4 parties A, B, C, D. Ton de *mè bi zo* (1).

N.-B. — Voyez, à l'égard des syllabes *oz*, *am* et autres, les
observations du nº 39 de l'ouvrage : *Langue des intonations.*

---

(1) Ici nous devons faire une observation qui s'applique à tous
les cas analogues. C'est que pour indiquer qu'un morceau est transcrit en notation diatonique, nous mettons sur la clé la note du ton
effectif précédé de la lettre *t*, cela veut dire ton de sol, de ré, de
si ♭ etc., quand il n'y a rien ou quand entre la clé et le chiffre
de mesure se trouvent des notes diésées ou bémolisées, cela indique

ma, vé. bi, ma. ma, vé. bi, ma.

bi, geu. oz. bi, geu. oz. zo tu, zo geu. bi, ma.

zo tu, zo geu. bi, ma. ma, So. am. ma, So. am.

Traduction en transcription diatonique. Ton de mi ♭ , ma sur mi ♭ .

3° A 3 parties A, B, C. Ton de *ra vi go*.

que le morceau est transcrit en notation chromatique, et qu'il faut remarquer le ton, non plus par le point de départ, mais par la relation nouvelle que la présence des dièses et des bémols apporte entre les notes pour constituer ce qu'on appelle le ton. (Voyez à ce sujet tome II, pages 62 et suivantes.)

En marquant à la clé la note d'un ton, pour éviter toute confusion et pour plus de simplicité, nous entendons toujours par cette note celle qui est remplacée par l'ut dans la transcription. Peu importe que cet ut soit l'indice du mode majeur ou la tierce du ton relatif mineur. Le mode n'étant pas indiqué à la clé dans la notation usuelle, il se trouvera ici comme dans cette notation, par les altérations de la sixte et de la quinte, par la finale, et surtout par l'impression de la tierce mineure au début.

vi ra, mé ra, vi ra, mé ra, go go, beü vi,

go go, beü vi, ra vi, doù ra, ra vi, doù ra.

Traduction id.

en ajoutant une 4ᵉ partie D
on le rend à 4 voix.

6° A trois parties A, B, C. Ton de *na pi so.*

p q , s s s D s, q p, q p q .

p f, p q , p, p s s s D s, q , f q

p, n f, p, p, p, q p, f n, f, n, f,

n l, n f, n, n p p, p q p. f l f

n. n n n n z z z n n

n s q p f n n z z n z t l, n f.

Cet exercice sans voyelles ne porte que les consonnes, afin que l'élève s'habitue à retrouver les voyelles qu'il faut, et par-conséquent à solfier juste sans secours accessoire.

Traduction id.

7° A 3 parties A, B, C. Ton de *sa ri vo.*

Sa Sa dé, ri dé sa, ri ri meu, vo meu, ri vo
za té, li té za vo Vo vo bu qou za Sa.

Traduction id.

La 2ᵉ mesure dans le système Galin pur se noterait ainsi

taé a te taé   et la 4ᵉ taé à té ta té.

8° A 6 parties A, B, C, D, E, F. Ton de *ga ti no*.

mo mo mo mo qa qa qa qa leu

ti leu ga leu ti zé ga ga bou ga ga bou bou ga.

ti leu ti ti, le leu. ti no no on no no no no

Traduction id.

La 3e mesure de la strophe D, avec la méthode Galin, se noterait

ainsi ⌐ taaéé taaéfé taé chuu la 3e mesure de E taaéé

taa éfé taé chuu et la 3e mesure de F comme les 2 précédentes par analogie.

9° A 4 parties A, B, C, D. Ton de *za li fo*.

z z t l n l z f l n f p

f n , l s s s s f f l n , f f z

Traduction id. du nᵒ 9.

La 2ᵉ mesure de B avec Galin s'écrirait ainsi U ꞁꞁꞁ —
taé a té taé

10. *Ad libitum* en autant de parties qu'il y a de mesures.

Ton de *ta ni po.*

ta ta lé ni feu op ta da po ni lé ta.

N.-B. — L'on remarquera que trissyllabe indique non seulement le mode et le ton, mais encore la place du ton sur l'échelle, par conséquent la clé et l'espèce de voix qui lui appartient. Par là s'explique la différence entre *tanipo* et *damibo.*

Traduction id. du nᵒ 10.

Pour la 2ᵉ mesure et l'avant-dernière — ꞁꞁꞁ — ꞁꞁ
taé a té taé a té

11. *Ad libitum* en autant de parties qu'il y a de mesures.

Ton de *da ma ba.*

N.-B. — Cette dénomination est identique à celle de *da mi bo;* elle exprime le deuxième mode d'association de la voyelle avec la consonne, voilà tout.

da, da a, 'ra. ma, ma a, va

ba ta a za. ta bɔ a va ma da.

N. B. — Ici la voyelle *e* est considérée comme la faible de *eu* fort.

Nº 11. *Syncopes.*

Langue des intonations da, daa, ré. mi, mi i, ve.

bo, taa, zou. ta, boo, ve. mi, da.

Traduction par Galin.

Langue des durées ta té, a té. ta té, a té.

ta té, a té. ta té, a té. ta té, chuu.

La notation usuelle rend évident l'effet de la syncope par le signe de la liaison ; la notation sténographique traduit la manière usuelle d'écrire la syncope. Le système Galin la rend significative et de concours avec la langue des durées ; la langue des intonations la rend exécutable par la solmisation.

12. *Ad libitum* en autant de parties qu'il y a de mesures.

Ton de *la fi qo.*

l, n. f, p f q, t n. l, g q q q l

a, é. i, eu. i, o, ou, é. a, o. o. o, o. a.

13. À 3 parties §, ton de *fa gi do.*

f f m p p f q q p p s

q s D D D D D q f t t t t t t.

3

a.   a, ou, é.   é, a, i.

Chez Galin,

la 5ᵉ mesure taé, a, té, taé. taé.

14. A 4 parties. Le :§: indique qu'il faut doubler les mesures.

Ton de *ba zi lo,*

b , v   b , r   g,   z   g l,   l   v , b.

taa, té fé,   taa téé.   taé, ta té.   taé taé.   taé chu.

15. En autant de parties qu'il y a de mesures. Ton de *ga di mo.*

Q   Q   d   d   m   m   d   g   g. m m g   z

t   g   m   g   t   t   g   n   m   d

d . C   g   g   m   m   c.

16. A 4 §. Ton de *va gi to.*

Le même air que le n° 13, mais sur une autre clé.

(musique)

va va mou bé bé va gi gi bé bé zeu

(musique)

gi zeu to to to to to gi va do do do do do.

(notation rythmique)

Chez Galin la 5e mesure

taé, a te, tae. | ta.

17. A 3 §. Ton de *pa si Ro.*

(musique)

ba teu zi te lo te lo pa fou nu lo ba pa pa ba.

(notation rythmique)

taé taé ta té taé ta té taé ta té ta té chu té taé taé chu.

18. A 3 §. Ton de *da mi bo.*

(musique)

da ré da ré. da Sou, da ré, mi da. mi veu mi veu.

(musique)

mi re, mi veu, bo, mi, ta, bo, ta, bo, ta, bo. da.

La 1ʳᵉ et la 3ᵉ mesure chez Galin se marqueraient taé a té taé a té | etc.

56. Exmple du mode mineur, emploi de la touche CH J, nonobstant les précédentes combinaisons.

19. Gamme en duo. Ton de *gu ta ni*.

(Avec le *f* diézé.)

gu jou ta lé ni fun pon qu po feu

gu bon gu gu bon gu jou ta ni lé

ni lé ta jou gu ta ni qu ni ta gu.

ta jou gu bon gu gu ta ta ta mi gu.

20. Gamme en duo. Ton de *gu ta ni*.

(Mieux sans le *f* et seulement avec le *p* diézé.)

21. A 3 parties §. Ton de *vu ga ti*.

22. A 3 §. Ton de *tu na pi*.

pi pi na tu fé lou na tu tu lou na fé pi qe qeu

pi qun chon Du pi pi fé na lou tu bi tu jon tu

Etc., etc., etc.

Pour 2, 3 et 4° mesure taé taé aé ta té | ta té taé taé até taa té fé ta té ta té ta té, etc., etc.

Voyez tout à la fin, après l'explication des tableaux lithographiés et la démonstration complète de la notation usuelle et de la sténographie musicale, l'application de la langue des durées aux exercices et spécimens des tableaux, et par cela même l'analyse détaillée de toutes les difficultés accidentelles de mesure qu'ils présentent.

TITRE III.

ETUDE DE LA STÉNOGRAPHIE MUSICALE, COMPARÉE AVEC LA NOTATION USUELLE.

—

ANALYSE DES TABLEAUX LITHOGRAPHIÉS.

Observation préliminaire.

Ces tableaux ne doivent être lus et étudiés qu'après l'exposé des matières qui précèdent et qui leur servent tout naturellement d'introduction. Ils donnent la mise en pratique et la clé des diverses applications de la sténographie musicale que la typographie ne pouvait fournir dans le texte explicatif. Dans cette exposition d'un système nouveau ou plutôt de l'application nouvelle du système ancien de la notation musicale, puisqu'autrefois cette notation était alphabétique, nous ne craignons pas les redites pour atteindre au résultat d'être compris. Et dans l'explication des tableaux lithographiés, nous revenons sur les sujets précédemment traités avec lesquels ils ont rapport.

PLAN
DE LA STÉNOGRAPHIE MUSICALE
Exposée aux tableaux lithographiés.

Les tableaux, au nombre de 8, ont chacun une spécialité déterminée par les besoins divers auxquels peut se plier la sténographie musicale.

Cette sténographie musicale (vocale ou instrumentale), ou 8ᵉ clé musicale (abréviative) aussi complète que les 7 autres clé de la notation usuelle, produit 2 systèmes de notation.

PREMIER SYSTÈME.

NOTATION SIMPLE.

Cette notation se distingue : 1° en notation diatonique, c'est-à-dire de la *propriété* des sons pour la musique vocale, avec des clés de transposition ;

2° En notation chromatique, c'est-à-dire de la *place* des sons pour la musique instrumentale, avec les clés de position et leur armure.

Ce 1ᵉʳ système se divise en 2 modes.

1ᵉʳ MODE.

Signes à poser sur 3 alignements relatifs à une seule ligne tracée à l'avance.

Ce 1ᵉʳ mode renferme 3 sections.

1er SECTION.

Signes ou chiffres sténographiques à écrire pour une plus grande facilité de lecture détachés les uns des autres, abstraction faite de toute idée de rapidité obtenue par la liaison ou groupes en *monogrammes*.

1er tableau, pages 1re, depuis n° 1er jusqu'au n° 14, page 2, n° 1er.

3me SECTION.

Lecture de la musique sur un seul cahier, rendue visible au besoin à mille exécutants à la fois, par les mêmés signes grossis chacuns d'un seul trait par des plumes spéciales en bois

Tableau 4, pages 8 et 9.

2me SECTION.

STÉNOGRAPHIE MUSICALE proprement dite spécialisée par les signes précédents reliés entre eux et groupés en *monogrammes*, sans traits parasites, de manière à pouvoir noter la musique aussi vîte qu'on l'entend.

Tableau 2. pages 2, 3, n°s 1, 2, 3, 4. Tableau 3, pages 3, 4, 5, 6, 7, depuis n° 1 jusqu'au n° 21.

2me MODE.

NOTATION MIXTE participant à la fois et de *la sténographie musicale* pour les chiffres d'intonation et de *notation usuelle* pour toutes valeurs de durée. Elle sert à l'application des notes sténographiques à la typographie, et elle est spéciale aux instruments concordants. C'est pourquoi les notes de ce mode, au contraire du 1ᵉʳ mode, s'alignent sur un seul espace comme les caractères ordinaires de l'alphabet et les chiffres.

Tableau 5, pages 10, 11, nᵒˢ 1, 2, 3, 4, 5. Tableau 6, pages 12, 13, 14, nᵒˢ 1, 2, 3, 4.

DEUXIÈME SYSTÈME.

NOTATION DOUBLE ou DIATONICO-CHROMATIQUE.

Cette notation sert à rendre en une seule note la propriété et la place du son, de manière à faciliter simultanément à la lecture, la justesse et le mécanisme du son.

Elle conviendrait aux instruments mixtes, voyez page 169 du deuxième volume : *Théorie.*

Elle se divise en 2 genres.

1ᵉʳ GENRE.

Notes de la 3ᵉ octave de la sténographie musicale combinées avec toutes les valeurs pour remplacer avantageusement, sur la portée des clés de la notation usuelle, les points-notes et leur faire rendre un effet tonal indépendamment de leur signification rhythmique.

Voyez les nᵒˢ 1, 2, 3, 4 et 5 du 7ᵉ tableau, page 15.

Sont affectés à la place des sons, les lignes et les interlignes; à leur propriété, les signes.

Voyez les nᵒˢ 6, 7 et 8 même tableau et même page.

2ᵐᵉ GENRE.

PASIGRAPHIE MUSICALE (PAR LIAISON BINAIRE).

Signes sténographiques des 4 octaves réunis deux par deux aux mêmes signes de la 3ᵉ octave, pour exprimer en un seul monogramme à la fois la place et la propriété des sons. Ces notes doubles sont susceptibles de prendre toutes les modifications finales des durées du 1ᵉʳ système, soit avec la ligne d'après le 1ᵉʳ mode, soit sans la ligne d'après le 2ᵉ mode, voyez 8ᵉ tableau, page 16, nᵒ 1ᵉʳ, colonnes à gauche pour les signes détachés et leurs nᵒˢ de rappel, par la combinaison de la voyelle et de la consonne, nᵒ 2, exemple des positions de la note double sur la ligne pour les valeurs de 1, 1/2, 1/4, 2, 3 et 4 temps.

Nᵒˢ 3, 4, 5, 6, 7: Exemple de divers tons avec diverses valeurs.
Nᵒ 8, exemple sur un canon à 4 voix.

Ce dernier tableau résout le problème très curieux d'une écriture double ou pasigraphie musicale, par laquelle, au moyen d'un seul et même signe sont rendues exactement, sans confusion et sans traits parasites : 1° la place du son, 2° sa propriété tonale, 3° son octave distincte parmi les 4 octaves de la portée, et 4° enfin sa durée depuis les 4 temps jusqu'au 64ᵉ de temps, autrement dit depuis la ronde jusqu'à la quadruple croche inclusivement.

AVIS IMPORTANT.

—

MANIÈRE D'ÉTUDIER LES TABLEAUX DE LA STÉNOGRAPHIE MUSICALE.

A la rigueur, 4 tableaux eussent suffi pour l'étude de la sténographie musicale : mais nous avons multiplié à dessein le nombre des tableaux, et nous l'avons porté à 8 pour démontrer tous les développements qui résultent de l'unité géométrique, prise comme point de départ pour le perfectionnement de l'art sténographique, appliqué à l'écriture des langues. C'est faute de n'avoir pas fait attention à la puissance de cette unité, à laquelle il faut toujours remonter, dans les sciences tout comme dans les lettres et les arts, que, pour ce qui regarde la sténographie musicale, tant de chercheurs se sont fourvoyés et n'ont produit que des systèmes dont les applications stériles, sans but, sans portée, sont toujours restées à l'état d'avortement. Mais après avoir voulu donner une idée de tous les développements dont l'unité géométrique était susceptible par rapport aux applications de la sténographie musicale, nous devons ici mettre en garde les lecteurs contre l'apparence de confusion qui, dès le commencement, ferait naître

dans l'esprit un préjugé défavorable contre l'é-
tude simple, courte et facile de la sténographie
musicale.

C'est pourquoi, avant de passer à l'explication
des tableaux, nous sommes bien aise d'arrêter
le lecteur par les observations suivantes.

Si l'on veut se borner à la connaissance des
signes de la sténographie, appliqués à la musique vocale ou instrumentale, abstraction faite
de toute idée de rapidité, il suffit ou de l'é-
tude des 1er, 4e tableaux, pages 1, 2, 8, 9, 1er
mode, ou de l'étude des 5e et 6e tableaux, pages
10, 11, 12, 13, 14, 2e mode (notation mixte),
il est inutile de se préoccuper d'autre chose.

Si l'on veut, une fois devenu habile musicien,
posséder l'agrément de pouvoir écrire le chant
à la simple audition, après avoir fait une étude
suffisante de la dictée musicale, à l'étude des
tableaux précédents il faut joindre une étude
approfondie des principes renfermés dans les 2e
et 3e tableaux, pages 2, 3, 4, 5, 6, 7, et s'exercer à la liaison des signes et aux sténographismes
indiqués aux nos desdits tableaux. L'on peut en
rester là, et l'on pourra dès lors, de simple
musicien, acquérir la qualité rare et exception-
nelle de musicien-sténographe.

Si l'on veut enfin, sans chercher à pratiquer la
sténographie musicale, l'étudier sous le point de vue
didactique et purement spéculatif, l'on doit pré-

ter une sérieuse attention aux 7ᵉ et 8ᵉ tableaux,
pages 15 et 16, lesquels n'ont pour objet que
des spécialités déduites des principes de la sténographie musicale, et se rattachant à elle pour
l'identité des notes fondamentales de la gamme
sténographique. Ces spécialités sont à prendre
ou à laisser, selon que le besoin s'en fera ou
non sentir.

———

CHAPITRE I.

Indication des durées dans la sténographie musicale.

1ᵉʳ MODE. — 1ʳᵉ SECTION des Tableaux.

Comme la sténographie musicale n'est et ne doit être que le
calque fidèle de la notation usuelle, qu'elle est appelée à suppléer dans les circonstances exceptionnelles où elle présente de
l'utilité, elle doit, pour la clarté, reproduire exactement l'usage
conventionnel de représenter ces durées sans rien ajouter et
sans rien retrancher. Or, ayant établi ci-dessus que, indépendamment de tout système d'écriture, l'unité de temps prise
comme point de départ produit toutes les valeurs du temps
musical multiples ou fractionnaires jusqu'à de certaines limites,
ce qui va suivre n'est qu'une autre application plus sténographique de ce même principe. (Voyez page 1ʳᵉ des planches lithographiées à la fin du volume.)

1ᵉʳ Tableau. — Nᵒˢ 5, 6, 7 et 8.

Valeurs de durée par la position seule des notes.

Un alignement de signes à écrire horizontalement peut com-
porter trois positions, c'est-à-dire deux positions extrêmes: l'une
supérieure, l'autre inférieure relativement à une position intermédiaire déterminée par une ligne fixe tracée à l'avance. C'est

là une puissance sténographique qu'il était bon d'utiliser pour l'indication des valeurs de durée.

Ainsi, selon que les notes sténographiques se placeront sous, sur ou par-dessus la ligne tracée à l'avance pour éviter toute confusion, elles indiqueront la valeur d'un temps, d'un demi ou d'un quart de temps. Exemple de 1, 1/2, 1/4 de temps.

Valeurs de.	Exemple pris sur les 3 octaves.		
	1 temps.	1/2 temps.	1/4 de temps.
4e octave.			
3e octave.			
2e octave.			
Silences y relatifs.			
Rapport des valeurs de la notation usuelle.	Noires.	Croches.	Doubles-croches.

Valeurs de durée par une première modification finale des notes combinée avec la position sur les trois alignements.

Dans le tableau lithographié affecté à la sténographie musicale proprement dite, le trait final des notes ne comporte que l'adjonction d'une seule espèce de boucle, comme étant d'un tracé plus rapide. Alors, selon que les notes blanchies sont sous, sur ou par-dessus la ligne, elles signifient 2, 3 ou 4 temps.

2me Exemple :

Notes de :

4 temps.   3 temps.   2 temps.

4e octave.

3e octave.

2e octave.

Silences relatifs.

Ronde.

Blanche ♮ pointée. Blanche ♮

Voyez nos 5, 6, 7 et 8 du 1er tableau, page 1re des planches lithographiées.

Deuxième modification finale combinée également avec la position.

Pour les valeurs fractionnaires les plus rares telles que les 1/8 et les 1/16 de notes, les notes prennent le crochet final à droite ou un trait horizontal sous-jacent pour les groupes de notes; et selon que ces notes crochetées ou soulignées seront placées sur ou par-dessus la ligne, elles signifieront un 8e ou un 16e de temps, soit triples ou quadruples croches.

Exemple :

Temps.

1/8   1/16

4e octave.

3e octave.

2e octave.

ou par groupes :

4e octave.

3e octave.

2e octave.

silences y relatifs.

notes usuelles :

triples croches.   quadruples croches.

Voyez nos 5, 6 et 7 du 1er tableau lithographié.

Aux planches lithographiées, l'exemple des notes ayant la boucle finale pour les valeurs multiples, est placé au nº 13 du 1er tableau, sur les 4 octaves de la portée d'une des clefs

4

sténographiques. Mais faute de place, dans ce même tableau synoptique, l'on n'a emprunté à la portée des 4 octaves qu'une seule note de la 5e octave, l' / pour indiquer avec elle l'exemple de toutes les valeurs relatives à une ligne d'écriture tracée à l'avance. Cet exemple est suffisant pour que, d'après ce qui précède, l'on puisse en induire la valeur de toutes les autres notes des octaves. Il est placé sous le n° 5, lequel correspond avec le n°. 6 pour les valeurs des notes usuelles qui s'y rapportent, avec le n° 7 pour les figures sténographiques de silences relatifs, et enfin avec le n° 8 pour la traduction des silences sténographiques en les figures usuelles.

L'analogie du représentant au représenté gardée ici autant que possible toutes les fois que ce principe ne fait pas déroger à la rapidité du tracé, but essentiel de la sténographie, est pour la mémoire un soulagement qu'il ne faut pas négliger.

C'est pour cela que les signes de silence en sténographie ne sont rien autre chose que les valeurs de temps détachées des notes elles-mêmes. Le zéro pour les valeurs multiples, le point pour l'unité et ses fractions, le point à crochet ou cédille pour les 8e et 16e de temps.

Ces signes de silence, en prenant les 3 positions relatives à la ligne tracée à l'avance, indiqueront les valeurs correspondantes des notes qu'ils remplacent.

Dans les mesures depuis 2 temps jusqu'à 4 temps entrent autant de figures ou signes de silences qu'il y a de temps et de valeurs fractionnaires comprises dans le temps. Chaque figure de durée, en un mot, a sa figure de silence correspondante. Dans la notation usuelle, l'on a étendu au-delà des figures de notes, c'est-à-dire au-delà des limites d'une mesure, les figures de silence comprenant 2 ou plusieurs mesures. Ainsi, il y a les bâtons de 2 mesures ou 2 pauses, les bâtons de 4 pauses, de 8 pauses, etc. C'est là une complication inutile que nous évitons à l'aide de chiffres. Ainsi, les chiffres 2 ou 3 ou 4 ou 8, etc. entre 2 barres de mesures indiquent autant de mesures à observer en silence. Lorsque dans la musique à plusieurs parties une voix ou un instrument doit se taire durant tout un morceau, on l'indique par le mot latin *tacet*.

Du point augmentatif.

Les notes peuvent être augmentées de la moitié, des 3/4, des 6/8, des 12/16 et des 24/32 de temps de leurs valeurs.

Exemple :

Valeurs de :	1 temps 1/2.	3/4 de temps.	6/8 de temps.
4e octave....			
3e octave....			
2e octave....			

Notes augmentées.

Signes de silence y relatifs.

Les notes augmentées de la moitié de leurs valeurs traversées par une petite barre qui les coupe à angle droit, se placent selon les cas comme les notes elles-mêmes, sous, sur ou par-dessus la ligne d'écriture tracée à l'avance. Voyez l'exemple précédent. Pour la même signification, l'on peut faire suivre les notes d'un petit point perpendiculaire. Exemple:

Notes augmentées de la moitié de leurs valeurs.

ou bien

Notes augmentées de 7/4 de leurs valeurs.

ou bien encore pour l'augmentation des 7/4.

Pour les: 12/16.   24/32

Silences y relatifs.

Aux tableaux lithographiés, fin du volume, les notes sténographiques augmentées des 7/4 de leur valeur sont traversées d'une petite secante courbe. Voyez nᵒˢ 9 et 10 du 1ᵉʳ tableau, 1ᵉʳ système, 1ᵉʳ mode, 1ʳᵉ section.

N. B. — Les signes rhythmiques à employer à côté des notes ou destinés à les remplacer par les silences tels que le point rond, le point perpendiculaire et la cédille, 3 signes déjà affectés à la désignation des accidents ou altérations tonales, ne sauraient faire double emploi, puisque la fonction des mêmes signes n'est plus la même selon qu'ils se placent sur, sous la note ou à côté, ce qui est bien différent et facile à distinguer.

Dans une écriture rationnelle sténographique, s'il faut éviter les doubles emplois, il ne faut pas moins utiliser toutes les places et n'en laisser perdre aucune.

CHAPITRE II.

EXPLICATION SPÉCIALE DES TABLEAUX LITHOGRAPHIÉS A LA FIN DU VOLUME.

Page 1ʳᵉ.

TABLEAU RÉCAPITULATIF.

Ce tableau résumé de tous les articles de détail qui précèdent présente d'une manière synoptique l'ensemble de tous les signes sténographiques d'intonation et de durée, traduits par les mêmes signes de la notation usuelle mise en regard.

Nᵒˢ 2, 3 et 4.

L'on y trouve d'abord sur la clef de sol 4 octaves de la notation usuelle en noires, indiquant l'unité de temps. Ces notes sont traduites dans la solmisation par des syllabes dont les consonnes n° 3 représentant la *place* des sons aux lignes et interlignes, sonnent avec les voyelles n° 2, lesquelles représentent à leur tour la *propriété* des sons indiquée par les points noirs échelonnés sur la portée.

Sous la portée usuelle des 4 octaves de la clef de sol se trouve, au n° 4, la série correspondante des 4 octaves sténographiques; les 2 octaves extrêmes se distinguent par la proportion et la boucle initiale, et les 2 octaves intermédiaires par la proportion seulement.

Nos 5 et 6.

Les valeurs de la durée, pour la mesure en musique, ont pour point de départ l'unité de temps avec ses multiples, 2, 3, 4; l'unité de temps avec les fractions tant binaires que ternaires, 1/2 1/3 1/4 1/8 1/12 1/16 1/24;

Les valeurs multiples de l'unité sont pour la notation sténographique une boucle finale s'ajoutant au trait de la note, laquelle pour désigner ainsi bouclée, 4, 3, 2 temps, se pose par-dessus, sur ou sous la ligne d'écriture, et correspond ainsi à la ronde, à la blanche pointée et à la blanche. Voyez aussi n° 13.

Les valeurs simples et fractionnaires de l'unité sont pour la notation sténographique le

simple trait de la note, laquelle, pour désigner
1, 1/2, 1/4 de temps, se pose sous, sur et
par-dessus la ligne, et correspond ainsi à la
noire, à la croche et à la double croche. L'adjonction d'un petit crochet aux notes, et le placement de ces notes sur ou par-dessus la ligne,
leur fait remplir la valeur des 1/8 et 1/16 de
temps, lesquels correspondent aux triples et quadruples croches.

Nous parlerons des divisions ternaires à l'article des notes pointées. Sous les 1/8 et 1/16
dont il vient d'être parlé, les mêmes valeurs
de 1/8 et 1/16 et de leurs correspondants ternaires, sont reproduites sans crochet final, mais
par-dessus une petite barre horizontale terminée
par un crochet inférieur pour les valeurs de 1/8
et 12/16, et par un crochet supérieur pour les
valeurs de 1/16 et de 24/32. Cette modification
est donnée pour les groupes de notes de ces
valeurs, afin de les tracer plus rapidement. Cependant, quand on préfère en rester au crochet
final et ne point recourir au trait sous-jacent,
il est de règle de n'indiquer le groupe de notes
formé par le 1/8 et 1/16 de temps que par un
seul crochet final terminant le trait de la dernière note du groupe.

EXEMPLE :

/⌐/\−\−∩ au lieu de /⌐/\−\−∩

N° 13.

Une observation importante est à faire à l'é-
gard des valeurs multiples : c'est que la boucle
finale du trait est toujours celle de la valeur
de durée de 2, 3 et 4 temps, selon la position
des notes relative à la ligne d'écriture, tandis
que la boucle initiale, celle par laquelle commence le trait de haut en bas ou de gauche à
droite, est toujours celle qui distingue l'une des
2 octaves, 1ʳᵉ ou 4ᵉ, selon la proportion.

Nᵒˢ 7 et 8.

Aux valeurs précédentes indiquées seulement
sur la note ut, mais applicables à toutes les
notes des 4 octaves, correspondent autant de valeurs de silences représentant l'unité, ses multiples et ses divisions, tant binaires que ternaires.

Ces signes de silences en sténographie musicale ne sont rien autre chose que des portions
détachées des signes de valeurs rhythmiques des
notes relatives à la ligne d'écriture. Ce sera par
conséquent, pour les multiples de l'unité, la
boucle détachée ou zéro par-dessus la ligne
pour 4 temps de silence équivalant à la pause ;
sur la ligne, pour 3 temps équivalant à la demi-
pause pointée ; sous la ligne, pour 2 temps équivalant à la demi-pause ; le point fragment ou
racine du trait droit ou courbe ; sous la ligne,
pour un temps de silence équivalant au soupir ;

sur la ligne, pour un demi-temps équivalant au demi-soupir; par-dessus la ligne, pour un quart de temps équivalant au quart de soupir, le crochet enfin, à droite, séparé de la note pour le 8ᵉ et 16ᵉ de silence équivalant au 8ᵉ et 16ᵉ de soupir, selon sa position relative à la ligne.

Nᵒˢ 9 et 10.

DU POINT AUGMENTATIF OU DIMINUTIF.

Dans le système d'augmentation binaire créé primitivement pour la notation moderne, l'unité ajoutée à elle-même a produit les valeurs de 2 et 4 temps. Plus tard, lorsque l'on sentit le besoin des augmentations ternaires et fractionnaires, pour ne pas augmenter la nomenclature des signes rhythmiques, l'on eut l'idée ingénieuse de se servir du point pour les diverses augmentations et de convenir que tout point augmentait la valeur qui le précédait de la moitié de cette valeur, de telle sorte que la valeur déjà produite par un premier point pût faire augmenter de sa moitié un second point suivant. L'on parvint ainsi à parcourir la série de tous les fractionnements possibles d'augmentation : de là, il arrive que si un point ajouté à la note d'un temps augmente de moitié celui-ci de manière à faire 1 temps 1/2, un deuxième point qui sera la moitié du premier l'augmentera d'un 1/4, en tout 3/4 d'augmentation,

ce qui joint aux 4 quarts, c'est-à-dire à l'entier,
donnera un total de 7/4, un troisième point
qui sera la moitié du second l'augmentera d'un
8ᵉ, en tout 7/8 d'augmentation, ce qui joint au
8/8, c'est-à-dire à l'entier, donnera pour résultat
un total de 15/8. L'on ne dépasse jamais l'augmentation de l'unité des 15/8 obtenus par 3 points.

Pour les valeurs multiples le point joue le même
rôle qu'envers l'unité. Ainsi par la règle que le
point augmente la valeur précédente, soit note,
soit silence, de la moité de cette valeur, la
blanche ou note de 2 temps suivie d'un point
équivaudra à 3 temps. En sténographie, comme
le point est remplacé par une petite barre trans-
versale, la blanche ou note de deux temps est
barrée par la ligne d'écriture, un deuxième point
suivant le premier lui donnera une valeur de
3 temps 1/2, un troisième point une valeur de
3 temps 3/4, un quatrième point une valeur de
3 temps 7/8, etc. Mais l'énonciation de la règle
de l'augmentation de la valeur des notes par le
point est trop générale dans les solféges, elle
n'est applicable qu'à l'unité, mais non aux fractions
de cette unité. Le point doit être considéré selon
son application, ou comme augmentatif, ou comme
diminutif. La règle du point, dans ces deux cas,
doit être ainsi conçue. L'unité simple ou multiple, selon qu'elle est suivie d'un ou plusieurs
points, est progressivement *augmentée*, en raison

du nombre des points, de la moitié, des 3/4, ou des 7/8 de sa valeur.

Les fractions de l'unité, selon qu'elles sont suivies d'un ou plusieurs points, sont progressivement *diminuées* de la moitié, des 3/4, ou des 7/8 de leur valeur. En effet, le point en restreignant le rôle de la fraction, en la rapprochant tout au contraire de l'unité, fait tout le contraire de l'augmenter.

Il est bon, en musique comme en toute autre circonstance, de préciser la valeur des choses par la propriété des termes et des expressions.

DE L'UNITÉ TERNAIRE.

Le point qui indique l'augmentation de l'unité binaire par des fractions ajoutées à elle-même, a été malheureusement consacré dans la musique à un double emploi, qui quelquefois peut jeter de la confusion dans les mesures et en amener dans les idées, si l'on n'est pas bien pénétré des distinctions qui suivent. Voyez n° 9 des exemples, page 4e des planches lithographiées.

En effet, comme le point ajouté à l'unité augmente cette unité de moitié, de manière à la rendre égale à 3 moitiés, l'on a cru pouvoir exprimer aussi, par le point ajouté au signe de l'unité binaire, c'est-à-dire de l'unité divisible par deux, l'effet à produire par l'unité ternaire, c'est-à-dire l'unité divisible par trois. Mais l'inconvénient de ce système est de faire supposer que le tiers de l'unité ternaire est plus grand que la moitié de l'unité binaire, et que l'unité type change de nature selon sa divisibilité, ce qui serait absurde. L'on aurait donc dû recourir, pour l'unité ternaire divisible par 3, à un autre signe qui ne l'eut pas fait confondre avec l'unité binaire, augmentée de sa moitié, ce qui est bien différent. A défaut de cet autre signe, il suffit d'être averti, et comme le chiffre de la mesure indique l'espèce d'unité qui sert de règle aux divisions ultérieures, la confusion est plus apparente que réelle. Quand la division opérée par 3 n'est qu'accidentelle à la mesure générale, elle prend le nom de triolets et s'indique par le chiffre 3 placé sur le milieu du groupe de trois notes. Pour le dire ici en passant, il est évident, par les triolets, que l'emploi de la division ternaire de l'unité n'est arrivé qu'après la division du temps par deux.

Pour la sténographie musicale, qui n'a d'autre prétention que d'être le calque fidèle de la notation usuelle dans son orthographe, elle reproduit, comme la note pointée, la note barrée pour le double emploi dont nous venons de signaler l'inconvénient. S'il n'en était ainsi, l'on aurait pu donner aux notes une modification finale qui leur ferait exprimer la divisibilité ternaire demandée. Nous reviendrons sur ce sujet dans l'explication des chiffres de la mesure.

L'on voit ici l'effet et la pose des petits signes accidentels sur les notes qu'ils affectent. Au chiffre 9 du n° 14 se trouve le point d'orgue dont la forme est différente du point d'orgue ordinaire, afin qu'il n'y ait point de confusion avec le fa dièse ⌒.

Les applications plus rares des intonations et des durées ne doivent être étudiées qu'après les autres. L'on doit se rappeler l'observation qui a été faite plus haut sur le crochet final des 1/8, 1/16, 12/16 et 24/32, correspondant aux mêmes notes plus bas sous barrées.

Les autres signes, tels que ceux des silences, au n° 10, ne sont que la continuation des signes affectés aux valeurs précédentes ; c'est ainsi que le double dièse est formé de deux points, le double bémol de 2 cédilles, que le 12/16 et le 24/32 de soupir sont formés du signe de silence des 1/8 et des 1/16, combiné avec le trait qui pointe la valeur fractionnaire pour la diminuer.

N° 13.

Le n° 13 est affecté à une deuxième série des 4 octaves rangées dans le même ordre et la même correspondance que la série sous le n° 4, mais présentant avec cette dernière une différence notable. C'est que tous les signes notes qui la composent ont une boucle finale, c'est-à-dire que le tracé du trait de chaque note se termine par une boucle, comme nous l'avons déjà dit page 56.

Il faut bien se garder de confondre cette boucle *finale* qui termine le trait de chacune des notes des 4 octaves, avec la boucle *initiale* qui commence le trait des notes des deux octaves extrêmes seulement. Cette dernière sert à indiquer la différence des octaves pour les deux proportions. La première qui s'emploie sur tous les octaves indistinctement, sert, dans la notation mixte, à indiquer les blanches ou notes de deux temps, et dans la sténographie musicale pure les valeurs multiples selon la position de la note relative à la ligne d'écriture pour indiquer 2, 3 ou 4 temps.

Il suffit d'une place différente dans l'emploi d'un même signe pour désigner des attributions différentes, voilà ce qu'il ne faut pas perdre de vue.

Le n° 14 n'est que la reproduction des signes accessoires déjà développés à la section 2 du chapitre 3, page 21 ci-après, ils ont été reproduits ici en lithographie comme modèle de tracé à la plume.

Page 2.

Le haut de cette page présente un specimen de la mise en application des signes de la sténographie musicale sur une petite marche à

solfier en canon, à trois parties, les signes
d'accentuation et d'expression musicale qui s'y
trouvent, sont exposés plus haut à l'article qui
les concerne, pages 21 et 22 du texte.

2ᵉ TABLEAU, même page. — 2ᵉ SECTION du 1ᵉʳ mode, 1ᵉʳ système.
Sténographie musicale (proprement dite) spécialisée par la liaison
des signes de mêmes groupes, de manière à en former autant de
monogrammes sans traits parasites et à l'aide desquels l'on peut
écrire le chant aussi vite qu'il est émis.

Jusqu'ici nous avons considéré les signes
sténographiques comme éléments d'une notation
musicale complète, abstraction faite de toute
idée de plus ou moins grande rapidité dans le
tracé. En conséquence, nous avons dû présenter les signes dans leur état normal sans aucune
modification, à l'état de chiffres, en un mot,
correspondant les uns avec les autres par octaves
comme on a pu le voir dans les exemples anté-
rieurs de ce volume et des volumes précédents, et fonctionnant indépendamment des uns
des autres comme dans l'exemple ci-dessus.
Dans cet état ils ouvrent la carrière à une
bonne notation si l'on veut, mais non point
à la sténographie musicale proprement dite,
qui a été le seul but du travail primitif dont
tout le reste n'a été que les conséquences et
des dérivations naturelles.

Rapidité du tracé des notes, la plus grande
possible, tel est le résultat qu'il fallait cher-

cher avant tout pour faire trouver dans les
signes géométriques-élémentaires l'art de suivre
le chant aussi vite qu'il est émis.

Cet art est tout nouveau, car il ne pouvait
être réalisé avec la notation usuelle, ou toute
autre notation aussi longue à écrire. En effet,
la rapidité d'une sténographie comparativement
à tout système d'écriture, s'appréciant par les
mouvements de main que demande le tracé
des signes, moins l'on fera de mouvements
pour tracer un élément ou un groupe d'éléments tels que les lettres, les syllabes et les
mots, plus le tracé de ces lettres, de ces syllabes
et de ces mots sera rapide.

Appliquant ces principes à la sténographie
musicale, il ne suffisait pas d'avoir choisi les
éléments géométriques les plus courts et du tracé le
plus rapide pour exprimer par écrit, c'est-à-dire
pour noter chaque élément musical, il fallait
aussi combiner ces éléments de manière à rendre d'un seul tracé, sans lever la main, un
groupe d'éléments musicaux, autrement dit un
mot musical, c'est-à-dire soit des groupes de
mesure, soit des groupes de temps.

La liaison des notes sténographiques entre
elles devait ressortir de leur simplicité primitive,
mais comme dans la liaison, les traits subissent à l'apparence certaines déformations qui
font perdre de vue la physionomie ordinaire

qu'ils ont, étant séparés, il est bon alors de faire de la liaison sténographique des signes une étude à part, et c'est ce qui fait l'objet de ce 2ᵉ tableau.

L'usage des signes sans la liaison est extrêmement simple et facile, nous conseillons d'y rester longtemps avant d'entreprendre l'étude de la sténographie musicale par la liaison. Cela ne saurait se faire que lorsqu'on est suffisamment versé dans la pratique et la théorie de la notation. En effet, les modifications apportées aux formes primitives pour la liaison, changeant l'aspect des notes dont on a l'habitude, rendent plus difficile la lecture. Cette difficulté tombe devant l'exercice, nous engageons les amateurs à copier, c'est le seul moyen d'apprendre utilement les éléments de l'art, puis de faire tous les exercices de la dictée musicale dont nous parlons plus loin, c'est le seul moyen de se préparer à suivre le chant à l'audition.

Nᵒˢ 1 et 2.

Le nᵒ 1 du 2ᵉ tableau présente d'abord la 3ᵉ octave comme type auquel se rapportent les modifications des signes compris dans la ligne suivante; là, nous voyons la note ╱ qui d'ordinaire se trace toujours de bas en haut, se tracer indifféremment d'une manière ascendante ou descendante. Les ╲ ré et les — mi ne peuvent dans le tracé s'attacher ensemble que par une modification, ce sera le crochet initial qui n'a pas encore été employé : comme ce crochet sur trait horizontal ne peut être employé que dans le cas de liaison des notes, il ne saurait être confondu avec le même signe appliqué aux signes de nuances *forté et piano* précédemment indiqué. Le ∩ veu et le ∪ bo, s'attachent tout naturellement.

La racine du ⅂ gu et du ⌐ zou vient des 2 côtés latéraux du cercle détachés ou de la lettre C, tournée des 2 côtés. Par conséquent, ce qui caractérise le ⅂ gu, est le crochet à gauche, le ⌐ zou, est le crochet à droite. Partant de là, comme pour la simplification du tracé, l'on est convenu de ne conserver qu'un seul crochet caractéristique à ces deux notes, celui du haut. Il est évident que, pour faciliter la liaison, il importe peu de former ce crochet en haut ou en bas, l'essentiel est de retrouver toujours le nom de la note par le côté du crochet auquel elle appartient sur le trait plus ou moins penché, l'essentiel est que le trait ne subisse aucune déformation horizontale, afin qu'on ne soit pas exposé à le confondre avec un ∖ ré ou un — mi, lorsque ces notes prennent le crochet.

La liaison par deux signes (voyez la 3⁰ ligne du tableau) mettant en application les modifications indiquées dans la ligne supérieure, prouve la nécessité de ces modifications, et indique l'ordre de leur tracé.

Dans la 4ᵉ ligne, l'on voit un exemple de la liaison du ∩ veu et du ∪ bo combinés.

N° 2.

La présence des boucles amenée par les première et 4ᵉ octaves, ne change rien à la liaison comme on peut le voir par les 4 lignes de ce n°, seulement, comme la liaison est toujours plus facile sans boucles qu'avec boucles, il est de règle que toutes les fois qu'il se présente un groupe de notes bouclées, il suffit, dans le tracé du groupe de notes à lier, d'indiquer seulement la boucle au commencement et à la fin du tracé du groupe, pour que toutes les notes de l'intérieur soient censées bouclées aussi, et appartenir par conséquent à une même octave.

Nᵒˢ 3 et 4.

Les nᵒˢ 3 et 4 présentent les exemples de liaison aux 3 dernières octaves. Cela suffit pour compléter par la règle et l'exemple tout ce qui est nécessaire pour posséder les principes de la liaison en sténographie musicale; mais cela ne conduit pas encore à suivre la rapidité du chant. Il faut employer comme pour la sténographie littéraire un système d'abréviations particulières.

D'abord, il y a les répétitions de groupes de temps, pour les répétitions de mesures, de

phrases et de périodes, pour arpèges, ellipses
de gammes, etc. A cet égard, indépendamment
des modifications finales et initiales déjà utilisées
pour les différentes attributions à donner aux
notes, il en reste encore un certain nombre
que l'on pourrait utiliser pour les abréviations
susdites. Une quantité de signes abréviatifs tirés
du cercle et de la ligne combinés avec le trait
horizontal et perpendiculaire, peuvent encore
être utilisés comme signes d'abréviations géné-
rales.

Nous ne donnons plus loin, à cet égard, pages
6 et 7 des tableaux lithographiés, que les signes
d'abréviation sténographique que nous avons
mis en rapport avec les abréviations de la notation usuelle. Chacun de ceux qui veulent
acquérir l'art de suivre le chant par la notation
peuvent et doivent se faire, selon les forces de
leur mémoire, un système d'abréviations particulières, en utilisant le reste des modifications
non employées que nous venons d'indiquer.

Nous n'avons pas voulu les épuiser, nous nous
contentons d'indiquer le chemin, laissant le soin
et le plaisir de le parcourir aux amateurs qui
peuvent pousser aussi loin que possible leurs
explorations sténographiques. Pour le commun
des musiciens sténographes, ce qui se trouve
indiqué ici doit suffire.

La rapidité du tracé de la sténographie mu-

sicale, comparée avec la lenteur des procédés
d'écriture en notation usuelle, se prouve par le
rapport des mouvements de mains employés
pour une même signification dans l'une et l'autre
notation. Il est impossible d'établir à cet égard
des données fixes : tout dépend de la complication des morceaux. L'on peut cependant admettre en moyenne que la sténographie musicale est cinq à six fois plus rapide que la notation usuelle ; que ce qui, en notation usuelle,
exigerait par conséquent 12 mouvements de main
ou bien 12 heures de copie, n'en demanderait
que 2 en sténographie. Pour cela il ne faut
pas juger sur les signes pris isolément, mais
sur l'ensemble, car l'on doit remarquer qu'autant de fois que l'on passe d'un tracé à un autre,
il faut compter autant de levés de main, ce
qui n'existe pas en sténographie où le passage
d'une note à une autre n'exige, à cause de
la liaison, aucune levée de main. Mettons par
exemple le tracé d'une gamme usuelle en huit
doubles croches en regard de la même gamme
sténographique liée. Nous trouvons pour le tracé
usuel 40 mouvements de main contre 8 seulement employés au tracé des 8 mêmes quarts
de temps en notation sténographique. Nous ne
comptons pas les lignes tracées à l'avance ; donc,
pour ce cas, nous trouvons la sténographie musicale 32 fois plus rapide. Il est vrai que nous

avons, choisi la comparaison la plus favorable,
mais cela prouve que nous n'exagérons pas en
établissant la moyenne d'une rapidité six fois
plus grande de la notation sténographique sur
la notation usuelle; cela prouve l'immense épargne
de temps que la sténographie musicale pourrait
fournir aux musiciens dans la copie, pour la
formation des répertoires et l'étude de la composition, indépendamment de toute préoccupa-
tion de suivre la rapidité du chant. Aussi cet
avantage incalculable a-t-il fait admettre, nous le
répétons, l'emploi de la sténographie musicale
dans des corps de musique militaire, où chaque
exécutant est obligé de copier lui-même sa
carte *matricule*. La rapidité qui résulte de l'emploi de la sténographie musicale pour la copie
de ces cartes ont permis de monter ces corps
de musique militaire sur un pied fort avantageux pour l'économie des frais et la rapidité
des progrès. En effet, l'avantage d'une copie
plus rapide faite individuellement, en permettant
de parcourir un répertoire riche et varié comme
les pages d'un volume, tient toujours le goût en
éveil et substitue des exercices toujours intéres-
sants et piquant la curiosité, à ces répétitions
machinales du même cercle dans lequel l'on
tend à rouler sans cesse, faute d'un matériel
assez complet. Ceci s'applique à toute musique
populaire, soit vocale, soit instrumentale, ce qui

fait que la sténographie musicale, indépendamment de sa spécialité propre, offre également
un intérêt tout particulier pour faciliter l'exécution populaire de la musique représentée par
l'harmonie chorale et l'harmonie militaire.

Maintenant nous allons continuer comme devant, dans l'intérieur du texte, l'exposition comparée des deux notations musicales à faire sur
les tableaux lithographiés.]

3ᵉ TABLEAU.

Page 3.

Nous allons d'abord montrer la forme la plus
ordinaire des mesures, puis les formes les moins
usitées, puis ensuite nous exposerons la classification générale des indications ordinaires et plus rares.

Nº 1.

Pour comprendre l'effet de la mesure de cette
phrase musicale, il suffit, comme nous l'avons
vu plus haut, de rassembler toutes les valeurs
de durée sous l'unité de temps qui les renferme,
de considérer la première unité après le premier
jalon, comme le temps fort, l'autre unité comme
le temps faible, et ainsi de suite jusqu'à la fin,
en marquant les temps bien égaux.

La traduction sténographique sous la portée,
forme des exercices de sténographie musicale en
notes liées.

Dans le n° 2 l'on prend la valeur blanche de 2 temps pour unité de temps, les noires ou notes d'un temps pour 1/2 temps, etc ;

Le n° 3 indique une mesure à deux temps de la division ternaire, c'est-à-dire de la division de l'unité par 3.

La division ternaire indiquée conventionnellement par la fraction 6/8 et traduite par 2/3, (nous dirons pourquoi, plus loin), par son influence rend ternaires, c'est-à-dire ou divisées ou divisibles par 3, toutes les figures de notes considérées comme binaires, c'est-à-dire divisées ou divisibles par 2 dans les mesures appartenant à la division binaire.

Le point qui, dans la division binaire, augmente ou diminue les unités de moitié de leur valeur, jouit dans la division ternaire d'une propropriété non plus la même, mais analogue, il indique l'adjonction d'un tiers de plus à une note représentant 2 tiers.

Ainsi, dans l'exemple n° 3, la noire pointée qui, dans la division binaire, vaut 3 moitiés ou 1 temps 1/2, ne vaut dans la division ternaire, malgré l'effet du point, que 3 tiers, c'est-à-dire un temps ternaire ; autrement la noire ne vaudrait que 2 tiers de temps, et elle a besoin d'être complétée par le point pour avoir les 3 tiers qui sont nécessaires à l'entier de l'unité ternaire.

La croche, qui vaut un tiers, vaudra en plus par le point la moitié d'elle-même, c'est-à-dire un tiers plus un sixième 3/6, etc., ainsi de suite, et la fraction est diminuée par le point.

Ainsi, dans les deux divisions binaires et ternaires, le point, selon les cas, est tantôt augmentatif, tantôt diminutif.

N° 4.

Le n° 4 donne un exemple des mesures à 3 temps. Dans ces mesures le temps fort se fait sentir sur le premier temps de 3 en 3. Les temps faibles se trouvent par conséquent sur le 2° et le 3° temps.

Cet exemple fournit un exercice des 7/4 de temps dont il a été parlé plus haut.

N° 5.

Le n° 5 est l'inverse du n° 2, puisque conventionnellement l'on a pu faire avancer toutes les valeurs de temps pour les rendre d'un cran plus brèves, c'est-à-dire de rondes faire des blanches, de blanches des noires, de noires des croches, etc., réciproquement, l'on a pu faire reculer encore conventionnellement les mêmes valeurs pour les rendre d'un cran plus longues, et des blanches faire des rondes, des noires des blanches, des croches des noires, des doubles-croches des croches, etc.; voilà pourquoi le n° 5 présente une mesure dite à 3/8, c'est-à-dire une mesure dont le temps fort se répète de 3 en 3, avec des croches pour unités et le reste en conséquence. Nous ne parlons ici que des mesures *conventionnelles* que les caprices de l'usage ou certaines intentions (1) ont fait prévaloir, nous mentionnerons les autres pour mémoire dans le système général des formes de mesures qu'il faut connaître pour bien comprendre le système adopté pour le numérotage indicateur à la fois des 3 espèces de mesures et de la division binaire ou ternaire à laquelle ils appartiennent.

---

(1) Les mesures n° 2 à 2 temps chiffrées par 2, les mesures n° 5 à 3 temps chiffrées à 3/8 ont été, par les compositeurs modernes, les seules conservées des anciennes formules de mesure, bien qu'elles fassent double emploi avec les mesures chiffrées 2/4 et 3/4. Peut-être l'ont-ils fait avec intention. Ce serait alors pour accoutumer l'œil dans les cas nécessaires : 1° à lire à 2 temps les mesures notées primitivement à 4 temps ou réciproquement ; 2° de composer plus facilement à 3 temps les mesures à 6/8.

La mesure à 6/4, que l'on rencontre encore quelquefois, pourrait avoir, pour les mesures à 3 temps, la même utilité que les mesures marquées par deux ou par un C barré ont pour les mesures à 4 temps, et la mesure à 2/8 à considérer comme 2/4 aurait pour les 2/4 à remettre à 4 temps le même effet de décomposition qui vient d'être observé pour les 3/8 à considérer comme 3/4, et les 6/8 à dédoubler en 3/8.

Ces opérations sont en quelque sorte à la mesure ce que les transpositions tonales sont à l'intonation, ce sont en quelque sorte des transpositions rhythmiques. Il est bon à l'œil de s'accoutumer à ces transpositions rhythmiques comme aux transpositions tonales. C'est pourquoi nous recommandons de copier les mesures textuellement dans les exercices de sténographie musicale, sauf à les battre dans le mouvement normal indépendant de toute figure.

Nᵒ 6.

La mesure à deux temps est formulée par
des unités de temps appartenant aussi bien à la
division binaire qu'à la division ternaire, l'intention du compositeur détermine le choix de
la division sur la mesure ; il doit en être de
même pour la mesure à 3 temps.

Aussi, lorsque les fractions de l'unité dans
cette mesure procèdent comme dans la mesure
à 6/8 de la souche ternaire, cette mesure ne
s'appellera plus 3/4, mais 9/8 par analogie de 6/8.

Nᵒ 7.

2 et 2 font 4 : l'on peut regarder la mesure
à 4 temps comme la mesure à 2 temps dédou-
blée ou bien une mesure à 2 temps dont toutes
les notes seraient doublées pour les rendre
plus exécutables dans un mouvement modéré.
Nous opinons pour ce dernier motif, le seul,
selon nous, qui ait pu faire prévaloir d'une
manière générale l'usage de la mesure à 4
temps, pour qu'elle soit autre chose qu'un
double emploi de la mesure à 2 temps.
En effet, si un certain effet rhythmique et ca-
dencé est produit par la répétition du coup
fort de la mesure de 2 à 2, de 3 à 3 ; dans
les mesures à 2 temps très chargés, il serait
incommode, pour ne pas dire impossible, de
faire apparaître le temps fort d'aussi loin. C'est

pour cela que le 3ᵉ temps de la mesure à 4
temps, quoique plus faible que le premier, est
néanmoins toujours plus fort que le second et
que le quatrième.

Nº 8.

La mesure à 12/8 de la division ternaire est
à la mesure à 4 temps, marquée par un
C, que nous traduisons par les chiffres 4/2, ce
que les mesures à 9/8 et à 6/8, que nous avons
déjà vues, sont dans la division ternaire aux
mesures 3/4 et 2/4 de la divison binaire. Elle
est beaucoup plus rare que les 2 autres de la
même division congénère, parce que le temps
fort serait trop longtemps à réapparaître, surtout
après un certain nombre de subdivisions de
l'unité ternaire. Les compositeurs trouvent plus
avantageux alors d'arrêter de 2 en 2 les effets
de la division ternaire et de se borner à la mesure à 6/8 qui rend suffisamment leurs inspira-
tions.

Nº 9.

Le nº 9 fait voir l'importance d'indiquer par
le chiffre de la mesure l'espèce de division que
subit l'unité. Car, bien qu'en réalité certains
morceaux à 3 temps puissent être exécutés
en prenant 3 notes pour un temps, il suffirait
néanmoins de la disposition différente des
groupes de notes, dans la distinction des temps
forts et des temps faibles, pour qu'il résulte

un effet rhythmique tout autre que si on l'exécutait à 3 temps.

C'est ce que des auteurs appellent mesure à 5 temps, bien à tort selon nous. Car d'où viennent les effets de la mesure à 2 temps et à 3 temps? de l'alternation du temps fort, de 2 en 2 ou de 3 en 3, et tout au plus de 4 en 4. Ce sont les répercussions régulières et symétriques d'une même intensité dans l'émission des sons qui ajoutent à la musique des effets dont l'oreille perçoit facilement le retour. Pense-t-on que l'oreille soit frappée d'une manière bien agréable d'un retour de temps fort, qui ne s'opérerait qu'au bout de 5 temps, et que l'effet de ce retour soit assez marqué pour qu'il y ait nécessité d'ajouter encore à l'effet déjà produit par les 4 temps. Non, ce serait illusion de le croire. Il faut prendre la mesure à 5 temps dont Boïeldieu, par exemple, a fait usage dans un air de la Dame Blanche, pour une mesure mixte, c'est-à-dire une mesure où le retour du temps fort peut alterner de 2 en 3 ou réciproquement de 3 en 2. Ce qui donnerait des mesures mixtes ou *bino-ternaires* ou *terno-binaires*.

Ces sortes de mesures, sous le nom de mesure à 5 temps, sont tellement rares, qu'il est difficile de juger ce que produirait la nouveauté de leur allure dans les effets ordinaires de la mesure en musique. Nous ne les citons ici que pour mémoire et pour la série des mesures.

Nᵒˢ 10 et 11.

DES TRIOLETS OU DES DIVISIONS MIXTES DU TEMPS ET DES COUPES MIXTES DES SUBDIVISIONS.

De même qu'après les divisions ordinaires du rhythme en mesures parfaitement égales peuvent être adoptées des divisions exceptionnelles de mesures boiteuses, c'est-à-dire mixtes, procédant alternativement des deux allures, de même aussi, aux divisions ordinaires des temps de la mesure basées pour tout un morceau sur une même souche binaire ou ternaire, pourraient succéder des divisions ou coupes de temps mixtes combinées de deux en trois ou de trois en deux. Mais ces divisions bino-ternaires ou terno-binaires sont inusitées d'une manière alternative : seulement dans les mesures de la division binaire apparaissent quelquefois exceptionnellement, c'est-à-dire sans l'ordre méthodique que nous venons de citer, des divisions ternaires.

Ce sont ces divisions que l'on appelle triolets. Voilà pour les croches, voyez nᵒ 9 bis. Ex.

/ / / / / ou / / / / / pour 2 temps, et / / /
ta té ti ta té   ta té ta té ti   ta té ti

／／ ／／ ／／／ ／／ ／／／ etc. pour 3 temps.
ta té ta té   ta té ti ta té ta té ti

Il importe beaucoup de reconnaître entre les divisions binaires de la mesure d'un morceau les exceptions à l'ordre général des coupes adoptées, car les notes têtes de groupe se marquent un peu plus fort que les notes qui les suivent, par analogie de ce qui se fait sur les temps forts, têtes de mesure que l'oreille distingue des temps faibles.

Pour les doubles croches, deux cas de subdivisions ternaires peuvent se présenter : celui des moitiés divisées par 3 ou sixièmes, voyez planches lithographiées, page 5, tableau 3°, n° 10 ; celui des tiers divisés également par 3 ou neuvièmes, voyez n° 11, page 5. Le premier cas appartient à la souche binaire, aux mesures 2/4, 3/4, 4/4, traduites par 2/2, 3/2, 4/2 ; le second, à la souche ternaire, aux mesures 6/8 9/8, 12/8 traduites par 2/3, 3/3, 4/3. Cet effet de subdivision ternaire est indiqué dans le tableau tiré du chronomériste de Galin, sous les n°ˢ 6 et 7 (voyez tome II, page 218), et se traduit dans la langue des durées d'Aimé Paris, par tarala, térélé, pour le n° 6, et taralé, térélé, tirili, pour le n° 7, comme on peut le voir dans le tableau de la langue des durées, même tome, page 222, et ci-après dans l'analyse des durées des tableaux lithographiés.

Il ne faut pas confondre avec les sixièmes du n° 6 les sixièmes du n° 5 du tableau du chronomériste qui ne sont rien autre chose que la division régulière des tiers par 2 ou la subdivision binaire de la souche ternaire, autrement dit les doubles croches ordinaires des mesures 6/8, 9/8 et 12/8, car la coupe de ces deux sortes de sixièmes est différente. La coupe accidentelle des doubles croches par 3 dans la subdivision ternaire des moitiés ou des tiers s'indique, pour les mesures à 2/4, etc., par des 3 répétés sur chaque groupe de 3 ou par un 6 posé sur les doubles croches, et s'appelle des sixolets, et pour les mesures à 6/8, etc., par des 3 répétés sur chaque groupe de 3 ou par un 9 posé également sur les doubles croches, et s'appelle des nonelets. Tout cela est fort confus et obscur dans la notation usuelle aussi bien que dans les méthodes qui ont la prétention de l'expliquer ; il serait à désirer que pour ramener la clarté là où règne une apparence de cahos, l'on veuille bien séparer la première barre des doubles croches par les groupes qu'elle doit diviser, cela ne produirait point les changements que les conservateurs-bornes appréhendent, mais cela améliorerait ce qui existe et ne choquerait aucune habitude antérieure.

L'on rencontre encore dans les subdivisions accidentelles, des subdivisions mixtes ou irrégu-

lières qui participent à la fois de la subdivision
ternaire pour les moitiés ou les tiers divisés
par trois, c'est ce que l'on appelle des quintolets.

Exemple :

/// // ou // /// dans la souche binaire
ta ra la té fé   ta fa té ré lé

ou mesures 2/4, etc.; et enfin des septolets.

Exemple :

// // /// ou /// // // ou // /// //
ta fa té fé ti ri li   ta ra la té fé ti li   ta fa té ré lé ti li

dans la souche ternaire ou mesures à 6/8, etc.

En un mot, les quintolets, en notation usuelle,
sont un groupe de doubles croches surmontées
d'un 5; les septolets un groupe de doubles
croches surmontées d'un 7; il serait encore à
désirer que les sous-barres fussent séparées selon
l'ordre des coupes adoptées par le compositeur.

Ces exemples suffisent; nous n'étendrons pas
plus loin le nombre des citations des autres
subdivisions qui s'appliquent aux triples croches
et comprennent les groupes diversifiés des
huitièmes, des douzièmes, des dix-huitièmes
et des vingt-septièmes.

Nos 12 et 13.

DE LA LIAISON, DE LA PROLONGATION ET DE LA SYNCOPE.

Le signe appelé *liaison* est un trait recourbé
——— qui lie plusieurs notes ensemble : ces notes

6

ainsi liées se font d'un seul coup d'archet, ou de gosier. Elle sert à l'expression du chant. (Voyez plus bas cet article pour cette application.)

La liaison sert aussi à former la prolongation et la syncope, c'est pourquoi l'on en parle ici. Elle pourrait alors prendre le nom de *ligature*.

On entend par prolongation l'effet qui résulte du temps fort d'une mesure ou du coup fort d'un temps prolongé sur un temps faible ou sur un coup faible. Cet effet est représenté par les notes multiples, telles que les blanches et les rondes et les notes pointées que nous avons vues plus haut, et dont l'emploi n'est qu'une manière plus abrégée de suppléer au trait de liaison ; c'est pour cela que l'on voit quelquefois la ligature reliant entre elles 2 notes de même intonation, mais d'inégale valeur, remplacer la note pointée.

La syncope est une espèce de prolongation, mais dans un sens contraire. En effet, il y a syncope quand un même son articulé sur un temps faible de la mesure se prolonge sur un temps fort (voyez n° 13 A), ou quand un son articulé sur un coup faible se prolonge sur un coup ou temps fort (voyez n° 12 A et 13 B). Le mot syncope, tiré du grec, veut dire couper, parce qu'en effet l'articulation des notes est coupée en sens contraire de l'ordre ordinaire des divisions de la mesure.

La syncope est régulière lorsque les 2 mêmes sons liés sont d'égale valeur (voyez n° 12 B et 13 C). Elle est brisée, lorsque la valeur des 2 notes formant la syncope est moindre d'un côté que de l'autre (voyez n° 12 C C et 13 D D D, et l'analyse par la langue des durées, à la fin).

DU CONTRE-TEMPS.

C'est-à-dire note à contre-temps. Cet effet est produit par un silence d'un 1/2, d'un 1/4, ou de 1/8 de temps qui, posé sur le coup fort du temps, fait commencer la note qui le suit immédiatement sur le coup faible, en sorte que cette note est entendue réellement à contre-temps (voyez pour exemple, analyse des durées à la fin).

La musique instrumentale fait grand usage des contre-temps. Tous les arts se plaisent dans les effets qui résultent des oppositions, des contrastes, pour empêcher l'oreille de se blaser sur la répétition des mêmes effets; l'artiste ne néglige aucune combinaison possible et n'en perd aucune, car il sait que de l'uniformité naquit l'ennui, et que pour plaire il faut soutenir l'intérêt par la nouveauté des effets sagement distribués.

Il faut remarquer que les syncopes et les contre-temps, privant l'oreille de son jalon, en lui enlevant l'articulation des coups forts, rendent la mesure beaucoup plus difficile à observer. Ces

difficultés, très grandes ordinairement dans la
pratique, faute de procédés suffisants pour les
aplanir, ont été merveilleusement vaincues,
comme nous l'avons vu au tome II, par la langue
des durées de Aimé-Paris, application très ingénieuse du chronomériste de Galin.

CHAPITRE III.

MANIÈRE USUELLE D'INDIQUER A LA CLÉ PAR DES CHIFFRES
MIS EN FRACTION LE NOMBRE DE TEMPS RENFERMÉS
DANS LA MESURE ET LA DIVISION BINAIRE OU TERNAIRE
DES TEMPS.

La notation usuelle n'est pas un système complet et homogène créé en vue d'une science
préalablement établie. C'est un composé d'additions successives faites dans le cours des
siècles à un système particulier de notation
créé uniquement en vue du plain-chant en faux
bourdon ou déchant. L'art se transformant peu
à peu, et de plain-chant devenant musique,
dût néanmoins s'accommoder d'une notation qui
n'avait été ni faite ni prévue pour les progrès
qui devaient être réalisés. De là les alliages
hétérogènes, les superfétations qui font de
la lecture de la musique une véritable dif—

ficulté qui ne devrait être réservée que pour
la pratique et la science musicale. Que l'on dise
qu'il n'y a point moyen de changer ce fait
consacré par le temps; d'accord ! mais que l'on
ne vienne pas dans des ouvrages sérieux, traitant
de la théorie musicale, au lieu de considérer
la notation usuelle comme la nécessité déplora-
ble d'un fait à subir et à étudier péniblement,
la proposer à l'admiration de bénévoles élèves,
et trouver des finesses, des raisons péremptoires à
des combinaisons qui ne sont en définitive que
le résultat incohérent d'une convention de ha-
sard. Car, lorsque Gui d'Arezzo ou d'autres,
par les raisons que nous avons dites ailleurs,
jugea à propos de simuler en notation le doigté
de l'orgue, il ne pensait guères à toutes les
interprétations ingénieuses que les théoriciens
devaient plus tard donner à sa prétendue dé-
couverte, il était loin de se croire le génie
appelé à recevoir un jour l'honneur d'une combinaison qu'il aurait été peut-être le premier à
désapprouver s'il avait pu en prévoir les conséquences et l'abandon définitif du principe
alphabétique qu'elle provoquerait (1).

---

(1) Cinq notations principales ont été en usage depuis les siècles
primitifs, et surtout depuis Saint-Grégoire, jusqu'à nos jours. La 1re
est la notation par lettres ou *alphabétienne*. On s'en est servi dès les
premiers siècles du christianisme, et elle est restée en usage très
longtemps. Gui d'Arezzo, moine de Pompose, au 11e siècle, la cite

Quoi qu'il en soit, le défaut d'homogénéité et
d'analogie qui se fait remarquer entre les diverses parties de la notation usuelle, provoque,
avec raison, les plaintes des logiciens qui aiment
à voir clair dans les choses qu'ils étudient et à
se rendre un compte exact de leurs opérations.
Ce travail a pour but de mettre les formules que
l'usage a consacrées, en rapport avec celles que
la raison seule demanderait. Nous avons démontré dans la théorie, tome 2, ce qui doit se faire;
nous n'y revenons pas. L'on sera mieux disposé
par là à comprendre ici les explications que nous

---

dans son Micrologue comme étant la meilleure : la plus facile, dit-
il, pour apprendre à chanter. *Solis litteris notare optimum proba-
vimus, quibus ad discendum cantum nihil est facilius.* Cela prouve
que cet auteur, pour avoir fait usage des lignes, n'aurait jamais
cru que l'on eût un jour abusé de son invention pour la dénaturer
et faire porter à son nom et à sa mémoire la date d'un changement
si funeste pour l'art. L'opinion de Gui d'Arrezzo, regardé comme
une autorité compétente dans la matière, jointe à celle de Fétis, autre
autorité que nous avons citée au tome II, page 190, doit au moins
faire chercher d'autres arguments que ceux que l'on apporte tous
les jours comme réfutation des notations reposant sur le système
alphabétique ; entre autres celui-ci, que nous trouvons dans un ouvrage
publié en 1852.

« Quelques auteurs, pour épargner de l'encre aux imprimeurs, ont
bien prétendu substituer une notation par lettres, à l'instar de l'ancienne notation boécienne et grégorienne, et d'autres, une notation
par chiffres. Mais leurs systèmes ont été aussitôt rejetés que publiés. »
Qui est-ce qui a rejeté ? Quels sont les élèves qui, également étrangers à l'un et l'autre système, ont été placés dans les conditions
voulues de choisir et de se déterminer pour l'un ou pour l'autre ?
C'est là toute la question.

allons donner de ce qui se fait. Il ne nous reste
plus qu'à expliquer la manière usuelle de chiffrer la mesure, la manière la plus rationnelle
et la plus logique ayant été indiquée plus haut.
Vu la diversité de figures que pouvait prendre le point à placer sur les lignes pour
rendre les diverses valeurs de durée, l'on avait
imaginé de désigner la valeur de l'unité de temps,
rapportée à la durée d'une seconde, par une
figure prise d'une manière absolue, en sorte que
toutes les autres figures destinées à rendre les
valeurs fractionnaires de l'unité de seconde,
pussent à leur tour être prises pour unité de
durées. L'on prétendait exprimer par là, à l'œil,
les mouvements divers d'un morceau, selon que
le compositeur prenait pour unité type une
figure de seconde, de demi-seconde, de quart
ou de huitième de seconde.

Les quatre figures que pouvait prendre tour
à tour l'unité de durée rapportée à la seconde
et à ses subdivisions donnèrent lieu à 4 manières différentes de désigner les valeurs multiples et fractionnaires relatives à l'unité de temps;
de là les 4 formes suivantes de mesures pour
désigner les 3 sortes de mesures à 2, à 3 et
à 4 temps binaires.

$\dfrac{2\ 3\ 4}{1\ 1\ 1}$ 4 Ce qui veut dire mesure à 2, à 3 et
temps pris sur l'unité de seconde
représentée par la ronde. Dans ce cas,

l'on employait la maxime pour figure de 4 temps, et la longue pour figure de 2 temps.

$\frac{2\ 3\ 4}{2\ 2\ 2}$ Mesures formées par l'unité d'une demi-seconde, c'est-à-dire de moitié de la ronde ou blanche. Dans cette mesure là longue était employée pour note de 4 temps et la ronde pour 2 temps.

$\frac{2\ 3\ 4}{4\ 4\ 4}$ Mesures formées par le quart de seconde ou noire prise pour unité. Mesures où la ronde signifie 4 temps, la longue 2 temps et la noire un temps.

$\frac{2\ 3\ 4}{8\ 8\ 8}$ Mesures formées du 8e de seconde ou croche prise pour unité. Ici la blanche signifie 4 temps, la noire 2 temps et la croche un temps.

Il est évident que cette manière d'envisager l'unité de temps rapportée à la ronde prise pour valeur absolue de la durée d'une seconde relativement à toutes les autres notes donne 4 manières différentes d'indiquer le mouvement. Mais en admettant que la musique eût pu embrasser dans ces 4 nuances de mouvements tous les mouvements qui lui étaient nécessaires, illusion que l'expérience ne tarda pas à dissiper, il était impossible d'observer d'une manière absolue ces valeurs de durée prises par le compositeur pour rendre son idée; tout comme sans diapason ou instrument fixe, il serait impossible de prendre la place à laquelle le compositeur veut que les sons soient fixés. Si donc, sans balancier gradué ou métronome, il est impossible de garder par la figure des notes l'intention du compositeur, à quoi peuvent servir les 4 figures propres à rendre la durée d'une seconde et ses divisions? à rien. Aussi les a-t-on abandonnées, mais l'on a conservé la manière de chiffrer établie sur les anciens principes, et voilà pourquoi il faut tant d'explications pour un fait dont on s'obstine à marquer dans la gravure de la musique la formule, bien que la cause n'en existe plus.

Dans le principe, l'on avait oublié dans la musique mesurée la division de l'unité de temps par trois. Lorsque plus tard l'oreille et la raison vinrent impérieusement réclamer l'effet des combinaisons résultant de la division ternaire, l'on ne jugea pas à propos d'exprimer aux yeux par une figure spéciale l'unité divisible par trois et les fractions de cette unité, l'on eut recours au point. Sous l'influence de cette idée que le point, dont on s'était déjà servi pour augmenter les notes de la moitié de leur valeur, avait pour effet d'ajouter une 3e figure de note égale en valeur à l'une des 2 moitiés de cette note, lorsqu'elle est partagée en deux, l'on en a conclu, par une fausse application au principe de la divisibilité ternaire, qu'une note pointée aurait pour résultat d'indiquer l'unité ternaire, comme si un, divisible par trois, pouvait être égal à un et demi. Cette absurdité en arithmétique convint néanmoins en musique pour éviter l'embarras de créer une figure d'unité ternaire nouvelle, autre que celle de l'unité binaire. Dans les figures de durée de la notation musicale usuelle, il y a confusion, parce que d'une part l'on a créé trop de signes, comme ceux de mouvement dont on n'avait pas besoin, et que de l'autre l'on n'en a pas créé assez pour la distinction des 2 souches de divisibilité. Superfluité d'un côté, disette de l'autre.

La manie que l'on a eu autrefois de tout rapporter à la durée absolue de la seconde figurée par la ronde, a étendu aussi sa fâcheuse influence sur les mesures dont l'unité est divisible par 3, au point que la manière de chiffrer ces mesures, serait plus difficile encore à comprendre que le chiffre des mesures à temps binaire, si elle n'était convenablement expliquée.

Dans les mesures à temps binaires nous avons vu, par la manière dont les 2 chiffres sont placés, que le numérateur, c'est-à-dire le chiffre supérieur, indique le nombre d'unités contenues dans la mesure, et que le dénominateur, c'est-à-dire le chiffre inférieur, indique combien la ronde contient de ces unités.

Dans les mesures à temps ternaires, les indications, bien que disposéés d'une manière analogue, sont autres. Le numérateur indique non plus le nombre des unités de la mesure, mais le nombre total de tiers contenus dans la mesure, et le dénominateur non plus la dénomination de ces unités, mais ce que les signes de chacun de ces tiers valent par rapport à la seconde, c'est-à-dire la ronde. Exemple :

$\dfrac{6 \quad 9 \quad 12}{2 \quad 2 \quad 2}$ } Ce qui veut dire que l'on a pris la 2ᵉ partie de la ronde ou moitié de ronde pour en faire 6, 9, 12 tiers divisibles par 2, 3 et 4. Ainsi de suite.

Par conséquent :

$\dfrac{6 \quad 9 \quad 12}{4 \quad 4 \quad 4}$ } En prenant 6, 9 et 12 quarts de la ronde divisible par 2, 3 et 4;

$\dfrac{6 \quad 9 \quad 12}{8 \quad 8 \quad 8}$ } En prenant tant de 8ᵉˢ de la ronde divisible par 2, 3 et 4;

Enfin,

$\dfrac{6 \quad 9 \quad 12}{16 \quad 16 \quad 16}$ } En prenant tant de 16ᵉˢ de la ronde divisible par 2, 3 et 4,

l'on a évidemment, non seulement la quotité des temps de la mesure, mais la divisibilité ou la division du temps.

Dans le système de désigner le mouvement par une durée absolue, l'on a voulu mettre les tiers en rapport avec les moitiés dont la durée était censée dépendre de la ronde. C'est pour cela que l'on s'est imaginé d'indiquer le nombre des tiers employés dans la mesure au-dessus des moitiés auxquelles ils correspondent dans la division binaire de l'unité, et l'on a cru faussement que par la durée absolue des moitiés, l'on était arrivé à posséder la durée absolue des tiers. De là est venue cette manière entortillée de marquer par les fractions 6/8, 9/8, 1/2, etc., etc., les mesures à temps ternaire qu'il était si simple et si naturel de désigner, comme nous l'avons indiqué plus haut, par les chiffres 2/3, 3/3, 4/3. Les mouvements de la mesure, qui toujours sont indépendants de la mesure, sont indiqués par des termes italiens qui donnent une approximation de l'intention du compositeur, et mieux par le métronome, qui est aux degrés divers du mouvement ce qu'est le diapason et le monocorde aux intonations.

Par suite de l'usage d'indiquer par les termes italiens ou le métronome les degrés si divers des mouvements de la mesure, l'on n'a conservé des chiffres de la mesure et des figures qui y correspondent, que les mesures à $\frac{2\ 3\ 4}{4}$ ou C pour les temps binaires et les mesures à $\frac{6\ 9\ 12}{8}$ pour les temps ternaires. Quelquefois l'on emploie encore la mesure à 3/8. Hors cela, toutes les autres manières sont tombées en désuétude ; il n'y a pas plus de raison de supprimer ou de conserver les unes que les autres, et puisque la manière conservée de chiffrer la mesure ne se conçoit que dans l'en-

semble du système qui l'a fait adopter , pourquoi s'obstiner à conserver une manière qui
demande tant d'explications et de développements
pour la faire comprendre aux élèves? Ce seul
fait est sa condamnation et sa critique. Ou revenez
à la théorie qui créa le système de chiffrer la
mesure , ou ne conservez plus la manière de
chiffrer d'après une théorie que vous avez aban-
donnée.

N.-B. — En gardant encore des formules inutiles aujourd'hui à
l'exécution musicale, peut-être voudrait-on, par l'arithmétique, faire
diversion à l'étude de la musique et renforcer les élèves sur les
fractions auxquelles l'analyse des durées par le chronomériste de
Galin a dû déjà les initier. Le système des fractions est la première difficulté de l'arithmétique : nous avons vu, en conséquence,
des élèves en musique qui en étaient restés à la connaissance ex-
clusive des 4 règles, parvenir à comprendre parfaitement le système
des fractions de l'arithmétique à l'aide de la théorie des durées
musicales et de celle qui explique l'ancienne manière de chiffrer la
mesure pour l'indication des mouvements.

A quelque chose malheur est bon. Acceptons donc en faveur de
l'arithmétique une manière de chiffrer la mesure qu'en bonne logique
l'on doit trouver inutile à la musique, tout le monde sera content.
Pour peu que l'on veuille, dans l'instruction primaire, y joindre
le système que nous avons imaginé pour faire étudier simultanément la lecture avec la musique, et l'une par l'autre, les connais-
sances élémentaires de l'enfance seront acquises avec la connaissance
de la musique par-dessus le marché.

CHAPITRE IV.

DÉFINITIONS ET APPLICATIONS DES SIGNES ACCESSOIRES.

(Voyez, n° 14.)

Du signe ⌒ *appelé point d'orgue en général* : 1° *point de pro-longation,* 2° *point de repos,* 3° *point d'arrêt ou de suspension,* 4° *point final.*

Lorsque le point d'orgue est placé sur un signe de silence, il indique que le mouvement de la mesure est suspendu sur ce signe de silence et qu'il ne reprend ses allures que sur le signe suivant, note ou silence.

1° Le signe qui se trouve sur un son de la durée de 2 temps au moins, se nomme point de prolongation, il indique un prolongement libre du son sans aucune addition. (Voyez A.)

2° Lorsque, entre un son et un silence marqué du signe point d'orgue, se trouve un son qui en est exempt, le point d'orgue s'appelle point de repos, l'on peut alors ajouter quelques traits à la note sur laquelle il est placé. (Voyez B.)

3° Le point d'orgue se nomme point d'arrêt ou de suspension quand il est employé deux fois comme le point de repos, mais à la diffé-rence que le son sur lequel il est marqué en premier lieu ne dure pas plus d'une unité, et

qu'il est immédiatement suivi sans interruption
d'un autre point d'orgue marqué sur un signe
de silence.

Dans ce cas, tout le contraire des précédents,
il signifie qu'il ne faut pas prolonger la note
sur laquelle il se trouve, mais la quitter sèche-
ment aussitôt attaquée, et garder le point d'orgue
sur le silence. (Voyez C.)

4° Enfin, le point d'orgue se nomme point
final, appelé improprement cadenza par les
Italiens. Lorsqu'il est suivi ou accompagné du
signe du trill +, il indique que le chanteur ou
le concertant peut exécuter tous les traits qu'il
voudra sur la note affectée de ce point. EX.
(Voyez D et E.)

N° 15.

DES PETITES NOTES.

Les petites notes sont des notes écrites en
caractères plus petits et qui pourraient se retrancher à l'exécution sans que le fond de la
mélodie se trouvât notablement altéré. Ce sont
des ornements dont il faut user sobrement,
voyez n° 15 un exemple de petites notes attachées à la note qui les suit et dont la valeur
de durée passe inaperçue en s'identifiant avec
la valeur de la note suivante. Voyez pour les
appoggiatures et les grupetto, plus haut les explications et exemples au texte imprimé, pages
22 et 23.

N° 16, page 6.

On se sert souvent d'une formule qui peut se varier en plusieurs manières et qui n'est au fond qu'un grupetto de 4 notes.

N° 17.

DU PORT DE VOIX.

Le port de voix consiste à faire glisser la voix d'un degré quelconque de l'échelle à un autre, de telle manière que l'intonation de la première note paraisse anticiper sur celle de la seconde en s'y unissant sans secousse. Cet agrément se pratique du grave à l'aigu et de l'aigu au grave.

N° 18.

La liaison qui sert à unir deux ou plusieurs notes de même degré sert aussi à couler les notes qu'elle couvre d'un seul coup de gosier dans le chant et d'un seul coup d'archet ou de langue dans les instruments. Dans ce cas, le signe liaison prend le nom de *coulé*.

Les points horizontaux placés au-dessus des notes, hors de la portée, indiquent que chacune d'elles doit être détachée et articulée séparément. Si l'on veut que cette articulation ait une grande vigueur et que le son de chaque note soit sec et paraisse absolument isolé des notes voisines, l'on place des points alongés au-dessus, en forme de virgules. Dans ce cas, les notes ne remplissent qu'une partie de leur valeur.

N° 19.

Le trill + est un ornement fort usité : il consiste à passer alternativement, et avec une rapidité toujours croissante, de la note sur laquelle
il est marqué à la note placée immédiatement
au-dessus pour arriver finalement à une note
de conclusion qui se trouve un degré au-dessus ou un petit degré au-dessous de la note trillée.

Pour lui donner une exécution plus brillante,
il faut le commencer posément et en augmenter
graduellement la vitesse ; on le conclut par
deux ou trois petites notes qui amènent la note
de repos au-dessus ou au-dessous de la note
trillée. Voyez l'ex. du n° 19.

C'est improprement que l'on a quelquefois
donné au trill le nom de cadence. Le trill se
fait souvent sur une cadence mélodique ou harmonique ; mais il n'en est ni une conséquence,
ni une dépendance.

N° 20.

Le mordent n'est autre chose qu'un fragment
de trill qui n'affecte les notes que dans la 1ʳᵉ
partie de leur durée et qui, par conséquent,
n'a pas de conclusion. On l'indique par le signe
ɩ. Voyez l'ex.

BRODERIES OU FIORITURES.

Ce sont des notes ou groupes de notes que
l'exécutant introduit dans la partie qui lui est

7

confiée pour donner un nouvel attrait à la répétition d'un chant ou pour en relever les passages trop simples. Cet effet a donné lieu au
genre variations ou air varié.

N° 21.

ABRÉVIATIONS.

A. Les points prolongés en forme de clous et
placés au-dessus ou au-dessous d'une ronde indiquent l'articulation de 4 noires en sténographie musicale, le même effet sera reproduit
par la boucle de la ronde noircie.

B. Les barres tirées au-dessus ou au-dessous
des rondes, ou traversant les queues des blanches et des noires, marquent que ces notes
doivent être détaillées en croches si la barre
est simple; en doubles croches si elle est double;
en triples croches si elle est triple. En sténographie musicale, cet effet sera reproduit par la
boucle de 2 temps et les crochets.

C. En sténographie musicale, cette abréviation
n'offre pas d'avantages.

D. La barre penchée placée obliquement dans
la portée, et occupant 2 espaces, indique la
répétition du groupe de notes qui précèdent.
Si le groupe est d'une mesure entière, on accompagne la barre de 2 points, l'un en dessus,
l'autre en dessous: s'il est de 2 mesures, la
barre se place à travers de la barre de mesure

aussi avec 2 points : quand le groupe est formé
de doubles, de triples croches, etc., l'on double,
l'on triple, etc., la barre de répétition. En
sténographie musicale, ces effets se produisent
par la rencontre de 2 lignes formant angle aigu,
et pour la répétition de plusieurs groupes ou
mesures par le chiffre indiquant le nombre de
répétitions.

E. Les blanches attachées comme les croches
en produisent l'effet. En sténographie, cet effet
se traduit par un crochet terminant le tracé
de la boucle.

F. Les doubles croches répétées 3 fois s'écri-
vent par le signe double croche pointé.

G. Au lieu d'écrire les passages appelés arpèges, tout au long, on les représente en rondes
ou blanches que l'exécutant doit détailler, mais
alors les initiales *arp.* doivent être écrites au-
dessus ou au-dessous de la portée.

Les mots *segue* ou *simili* indiquent que le
passage représenté une fois doit être continué
dans la même forme.

Le mot *bis*, écrit au-dessus d'une mesure,
annonce évidemment que cette mesure doit être
exécutée deux fois, etc., etc.

Les autres abréviations concernent les parti-
cularités de chaque instrument et doivent être
traitées dans les méthodes spéciales.

Pages 8. et 9.

5ᵉ TABLEAU.

3ᵉ SECTION.

Les signes de la notation ci-exposée, par cela même qu'ils sont sténographiques, c'est-à-dire tirés des éléments les plus simples de la géométrie, ont la propriété ou d'être réduits par une copie extrêmement fine à un état d'exiguité suffisante pour faire resserrer des œuvres musicales dans le plus petit espace, sans cesser d'être lisibles, ou d'être écrits avec des plumes en bois sur de grands cahiers spéciaux, dans des proportions telles qu'ils deviennent lisibles à des centaines d'exécutants réunis à la fois et sous la même direction, devant un seul et unique cahier d'exécution. La copie sur ces grands cahiers, conforme au specimen ci-joint, s'exécute très rapidement. Selon la taille des plumes en bois de sureau, l'on peut donner aux signes la grosseur proportionnelle au rayon d'exécutants qui sont appelés à les lire. Ainsi, d'un seul trait de plume, les signes peuvent atteindre une grosseur suffisante pour rendre cette notation lisible à mille exécutants à la fois réunis dans un amphithéâtre. Il y a là un avantage incontestable d'économie frappante que nous avons cité dans la 1ʳᵉ édition. Nous avons reproduit

cette citation, dans la brochure intitulée de la
Musique Religieuse, pages 41 et 42, et l'on y
verra la preuve que pour une dépense de copie
qui, en notation usuelle, eût demandé 44,000
fr., il suffirait de la somme de 120 fr.

La nouvelle notation ne doit plus être considérée dans ce cas, comme sténographie musicale proprement dite, mais comme moyen
d'enseignement, moyen d'exécution économique
populaire. C'est là un nouveau rôle, un rôle
secondaire qu'elle est appelée à jouer à côté
de la notation usuelle sans nuire en rien aux
droits de celle-ci, parce qu'il serait impossible
à la notation usuelle de se plier aux mêmes
exigences d'économie d'enseignement et de lecture, abstraction faite de toute idée de plus
grande facilité, question purement accessoire ici.

Ainsi pour nous résumer, une seule copie, un
éclairage, un seul maître pour mille élèves réunis
devant lui en amphithéâtre, et exécutant sur
des exercices appropriés, tels sont les avantages
particuliers, spéciaux, qui ont été obtenus avec
la sténographie musicale et qui seuls l'ont fait
adopter. C'est donc bien à tort que par le fait
même de l'application de la sténographie musicale à l'enseignement de la musique, des
musiciens se sont imaginés que l'on voulait
condamner au feu, et annihiler en quelque
sorte toutes les productions en notation usuelle.

Musicien d'abord, par et avec la notation usuelle,
nous n'avons eu d'autre vue, en utilisant la sténographie musicale dans l'enseignement de la musique, qu'une raison d'économie majeure fournie
par le grossissement facile et rapide des signes.
Mais plus tard, cette première expérience
donna l'occasion d'en faire une autre, à savoir,
que l'emploi des signes de la sténographie musicale facilitait considérablement l'enseignement
de la musique comme méthode d'exécution pratique, plus facile que les procédés de la notation usuelle.

Ce n'est pas une idée préconçue, mais le ha-
sard qui nous a fait faire et répéter la seconde
expérience. Il est donc impossible aux musiciens
de juger ce fait et de le raisonner d'une ma-
niére compétente, s'ils ne répètent pas la même
expérience. Mais aux musiciens de bonne foi
qui veulent, comme nous, chercher la vérité,
il sera facile d'y arriver par la copie.

En faisant emploi de la sténographie musicale
comme moyen de lecture musicale, facile, économique et populaire, en l'adaptant à notre
méthode d'enseignement musical appliquée à la
notation usuelle en vue de laquelle elle a été primitivement créée, nous n'avons voulu réaliser rien
autre chose qu'une pensée d'économie et non
ces changements, ces renversements que certains musiciens appréhendent. Comme si d'ail-

leurs l'exécution de la musique dans les campagnes, de la part d'amateurs qui, n'ayant pas moyen d'acheter la musique des salons, préfèrent copier eux-mêmes la musique par les ressources que leur présente la sténographie musicale, ne pouvait jamais qu'aider à la propagation de la musique elle-même. Comme nous l'avons dit plus haut, ceux qui, par voie d'économie, ont été amenés à commencer l'étude de la musique sur et avec la notation sténographique, sont loin de rester étrangers à la connaissance de la notation usuelle, puisqu'ils sont obligés de se familiariser avec elle pour copier, et lors même qu'ils sont devenus habiles lecteurs en notation usuelle, la sténographie musicale qui leur a servi à apprendre la musique, n'est pas devenue inutile, puisqu'elle leur sert toute leur vie d'artiste comme copie extrêmement rapide. A moins de ne faire aucun cas de l'épargne du temps et de clore ainsi toute discussion, on ne peut méconnaître les avantages que nous venons d'énumérer.

Le specimen ci-joint présente la grosseur moyenne de la copie des grands cahiers d'exécution opérée à l'aide de plumes en bois de sureau. Ces quelques signes suffisent pour donner une idée exacte de cette copie toute spéciale. Elle offre l'inappréciable avantage d'exposer aux regards des exécutants la partition à 3 ou 4 voix,

sans que la nécessité de retourner souvent les
feuillets soit un obstacle à l'exécution.

A ce sujet, la pratique de l'enseignement sur
des exercices spéciaux a fait tirer de la lecture de ces grands cahiers un avantage de
démonstration élémentaire et une puissance
d'exécution chorale dont on ne se douterait pas
à moins de l'avoir essayée. Car, si, comme nous
l'avons vu plus haut, le problème de l'enseignement musical donné par un seul maître
à mille élèves est résolu avec l'emploi de la
sténographie musicale, ce n'est qu'à certaines
conditions de procédés, que l'on ne saurait
négliger impunément. Ce sont d'abord les premiers exercices progressionnels tissus uniquement d'intervalles conjoints pour les premières
difficultés de la mesure, c'est l'emploi de l'indicateur rhythmique qui, par ses coups de rappel
strident, domine les voix et les maintient dans
les limites exactes des signes de mesure, et tout
cela pour que le maître n'ait pas besoin de
conduire les élèves avec sa voix impuissante à
maîtriser une masse chorale de plusieurs centaines de voix. Comme il ne s'agit pas ici de
méthode, nous ne nous étendrons pas plus loin
sur ces procédés et les autres; nous ajouterons
seulement, pour faire ressortir et justifier l'heu-
reuse application des signes sténographiques aux
grands cahiers d'exécution, que le maître, par

la position qu'il occupe au côté de ces cahiers,
exerce à la fois les triples fonctions de directeur,
de surveillant et de modèle. En effet, un bâton
de mesure dans la main gauche pour le faire
retentir dans l'indicateur rhythmique aux oreilles,
tandis qu'il décrit les figures de la mesure devant
les yeux, le maître se tient à la gauche du
grand cahier pour pouvoir, de la main droite,
indiquer les notes avec une baguette sans cesser
de battre la mesure, et pour retourner les feuilles
de la même main sans désemparer. En effet,
par cette disposition due uniquement à l'emploi
de la notation sténographique visible en partition à la masse d'exécutants supposée, le maître
peut avoir un œil sur les signes qu'il montre, et
un autre sur les élèves, sans que personne ne
puisse échapper au contrôle de sa surveillance
active. Au lieu d'être courbés sur des cahiers
particuliers dont aucun doigt indicateur ne vient
résoudre les difficultés, les élèves de leur côté
voient la mesure, l'entendent et encadrent dedans
les intonations qu'ils lisent et dont aucun élément
ne leur échappe sous la baguette indicatrice.
Les pertes de temps occasionnées par l'inatten-
tion des élèves avec les procédés ordinaires sont
incalculables. Par ce moyen, il n'y a aucune
hésitation, aucun tâtonnement, l'exécution progressive et bien graduée est enlevée au pas
de course. Il s'établit entre le maître et les

élèves comme un courant magnétique qui rend
l'œuvre commune à tous et fait que tous y portent
le même intérêt. Le grand nombre, qui n'est pas
limité ici comme ailleurs par la dépense, aug-
mentant d'autant les vibrations sonores et par
cela même le bel effet qui résulte de l'harmonie,
électrise les élèves, active leur attention et augmente leurs progrès. Ces exercices, dans les commencements, sans doute sont loin d'être des
concerts, mais le plaisir qui résulte d'une réunion
vocale sans cacophonie suffit déjà pour encourager des commençants, et cet avantage est
obtenu par le simple grossissement des signes
de la sténographie musicale : c'est tout ce que
nous voulions ici établir et prouver.

Pages 10 et 11.

6ᵉ TABLEAU.

NOTATION MIXTE.

2ᵉ MODE.

Jusqu'ici nous avons considéré la sténographie
musicale uniquement sous le point de vue de la
rapidité du tracé. Pour cela, établissant une
ligne fixe horizontale tracée à l'avance comme
une puissance sténographique, nous nous sommes
servi de la position des notes sur cette ligne
pour épargner le tracé de trois des valeurs de
temps de la mesure les plus usitées, telles que
les unités, les moitiés et les quarts de temps,

et pour rendre les trois valeurs multiples avec
l'emploi d'une seule boucle finale. Ce système
offrait en outre l'avantage, en séparant forcément
les groupes de notes inégales en durées, de rendre
plus distincts les temps et les divisions de temps
de la mesure.

Mais dans la musique d'orgue ou piano un peu
compliquée, où les notes d'une durée rapide
contrastent avec les notes d'une durée plus ou
moins longue, il résulterait, de là nécessité de
faire dépendre la valeur des notes concordantes
d'une seule ligne servant à celles-ci, une confusion qu'il fallait éviter, sous peine de restreindre
l'appropriation de la sténographie musicale aux
instruments unissoniques.

Nous avons dû, en conséquence, sans changer
en rien la forme ni le caractère des notes précédentes, supprimer la valeur rhythmique et sténographique dépendant de la ligne horizontale
tracée à l'avance, et rendre ces mêmes notes
susceptibles d'être tracées sur un seul et même
alignement et d'exprimer par elles-mêmes toutes
les valeurs de la durée musicale.

Pour cela, rien de plus simple ; nous avons
vu que le trait final des notes, libre de prendre
diverses modifications, avait été employé à
prendre une boucle pour rendre les valeurs
multiples. Eh bien, ce trait libre de prendre une
boucle, l'est également de prendre d'autres

boucles analogues et d'autres adjonctions finales quelconques, tels que les crochets simples ou doubles. L'emploi de ces adjonctions finales au trait des notes suffisant et au-delà dans leurs diverses combinaisons à rendre toutes les valeurs de la durée, l'on peut évidemment se passer de la ligne, et avoir une notation qui fasse exprimer à la fois l'intonation et la durée par un seul et même signe sans accessoires étrangers et sans traits parasites. (Voyez ci-dessous, page 17.)

Par ce moyen, chaque note a par elle-même, outre son intonation, une signification de durée exacte, précise, indépendante, qui la spécialise et la fait toujours reconnaître avec sa physionomie propre dans les complications les plus multipliées du style de l'orgue. Par là, les notes sans confusion s'échelonnent octaves sur octaves sans que ces octaves empiètent l'une sur l'autre, comme cela arriverait avec l'emploi de la ligne rhythmique.

Voyez au tableau l'exemple de ces modifications finales. Pour en donner une idée aussi complète que possible, nous les présentons sur trois octaves. Il suffira au lecteur d'examiner attentivement la 4e octave pour rétablir dans sa pensée, avec la proportion voulue, les notes de la 1re octave que le manque d'espace nous a forcé de mettre de côté. La portée de la notation usuelle au-dessous n'indique que les rapports d'intonation, l'espace ne nous a pas permis d'indiquer les rapports du rhythme. Le lecteur, en examinant le tableau typographié, page 17, et en rapportant le chiffre des valeurs indiquées en tête de chaque division rhythmique de ce tableau au chiffre des valeurs du 1er tableau lithographié, pourra rétablir dans sa pensée la valeur des notes en notation usuelle, se rapportant aux figures rhythmiques de ce 2e mode de la notation sténographique ou notation mixte.

VALEURS DE DURÉE DES NOTES.

1° Les notes de 4 temps se distinguent par la ronde, c'est-à-dire par la boucle entière, terminant le trait en se repliant sur elle-même.

2° et 3° Les notes de 3 et de 2 temps par la boucle se fermant sur le trait final dans un sens opposé; à l'extérieur du trait pour les notes de 3 temps, et à l'intérieur pour les notes de 2 temps.

Les notes d'un temps se distinguent par l'intonation seule, sans modifications finales.

Les notes d'un demi-temps ou croches terminent leur trait par un petit crochet contourné à droite.

Les notes d'un quart de temps, ou doubles croches, prennent le double crochet, c'est-à-dire une petite barre terminant le trait des notes à angles droits.

Les notes d'un 8e de temps ou triples croches prennent un crochet en fer à cheval, c'est-à-dire triple.

Enfin les notes d'un 16ᵉ de temps ou quadruples croches, attendu leur rareté qui les
empêcherait d'être confondues avec les demi-
temps, sont terminées par un crochet semblable
à celui des demi-temps, mais tourné à l'opposé,
c'est-à-dire à gauche du trait.

Le choix des modifications finales du trait
des notes a été combiné de manière à présenter
de la facilité pour le tracé, et de plus des
rapports d'analogie avec les noms de croches
et doubles croches de la notation usuelle.

Les notes ainsi modifiées n'ont plus la prétention de servir à la sténographie musicale
proprement dite. Elles demandent par conséquent plus de soin dans leur tracé pour ne
pas déformer la modification finale. Néanmoins,
dans cet état, leur tracé est encore plus rapide
que celui des notes analogues dans la notation
usuelle.

Nº 2.

VALEUR DES SILENCES.

Les signes de silences, dans le 2ᵉ mode, sont
tirés de l'analogie des valeurs de notes qu'ils
remplacent. Exemple : pour les valeurs multiples
ce sont les blancs détachés des notes, ainsi 4
temps c'est le cercle plein ou zéro, pour trois
temps c'est la boucle ou demi-zéro fermant à
gauche sur un trait coupé; pour 2 temps c'est
l'opposé, c'est-à-dire la boucle repliée à droite

pour se fermer sur le trait coupé. Pour un temps c'est également une portion détachée de la noire, un petit point noir. Pour un demi-temps, c'est le crochet détaché de la croche ou virgule. Pour le 1/4 de temps ou silence de double croche, le point à double crochet ou forte cédille. Pour le 8e de temps ou silence de la triple croche, le point à 3 crochets double cédille, ou chiffre 3. Pour le 16e de temps ou silence de la quadruple croche, le point à 4 crochets ou petite croix. Le point de prolongation qui augmente la note de moitié de sa valeur est le petit trait perpendiculaire précédemment indiqué à mettre après la note ou le silence auxquels il appartient. Quand il y a 2 points d'augmentation, il faut deux points perpendiculaires, ainsi de suite.

Dans la spécialité sténographique, l'emploi des signes complémentaires est forcé, à moins de faire perdre de vue toute idée de rapidité : ici, l'emploi de ces signes n'est que facultatif, selon que l'on veut copier plus ou moins vite. Ainsi l'on peut par exemple, pour les accidents, se servir des ♯ ♭ ♮ qui précèdent les notes, etc.

N° 3.

La règle du tracé des notes dans ce 2e mode est conforme à l'usage du tracé des notes dans le système usuel. En effet, lorsque la note est seule, elle prend celle des modifications où crochets qui la spécialisent, mais lorsqu'elle fait partie d'un groupe, elle reste dans son état normal sans aucune modification, et l'indication de sa valeur dépend de la valeur du groupe auquel elle appartient. Les groupes de notes et l'indication de la valeur de durée de ces groupes se forment ici, comme dans la notation usuelle, par des barres *sus-jacentes* dont l'étendue et le nombre indiquent que toutes les notes qu'elles couvrent ont telle ou telle valeur. Voyez le specimen n° 3.

N° 4.

Pour éviter la pluralité des traits et rendre le tracé des valeurs plus rapide, l'on peut se servir d'une seule barre sus-jacente, se modifiant selon les valeurs de la manière indiquée.

Toutes les modifications qui constituent le 2° mode ne regardent que les valeurs de durée. Pour tout le reste, il faut recourir au 1er mode.

Le n° 5 sert d'exemple pour l'application du n° 4.

Pages 12, 13 et 14.

Ces trois pages sont consacrées aux exemples de la mise en application du 2° mode de la notation sténographique. N°° 1, 2, 3 et 4.

Le n° 1er reproduit un morceau d'orgue, un andante en ré mineur, tiré de l'Art de préluder, par Ambroise Rieder. Les barres de groupes des notes de ce morceau, ainsi que des suivants,

sont conformes au n° 3 de la page précédente.
La partie de chaque main est séparée par une
ligne horizontale, en sorte qu'il n'y a pas de
confusion à craindre. Ce mode étant l'exacte
reproduction de la manière de grouper les notes
employées dans la notation usuelle, les valeurs
fractionnaires qui appartiennent à des notes isolées
sont indiquées par les modifications finales. Par
là on évite le double emploi qui pourrait faire
confondre un petit trait horizontal sur une seule
note, avec la note ▬. Le trait horizontal, appartenant toujours à 2 notes, est assez distinct
pour qu'on ne le confonde pas avec une note.
La position des notes concordantes superposées,
est en rapport avec leur degré d'élévation. Cette
classification, commandée par la nature des
choses, eût été impraticable avec le 1er mode
purement sténographique.

Le n° 2 reproduit une partition à 3 voix de
même espèce, avec paroles, à quatre temps.

Le n° 3 donne le spécimen d'une autre partition pour mêmes voix, aussi avec paroles; l'on
remarquera que la copie de ce morceau est la
reproduction exacte de la manière de détacher
les notes dans la notation usuelle pour les faire
tomber avec leurs valeurs spéciales sur chaque
syllabe des paroles auxquelles elles appartiennent.

La page est terminée au n° 4 par un canon
de Berton à 3 voix. Il présente une combi-

8

naison des 2 modes, en ce sens que les notes
attachées ensemble indiquent qu'elles appartiennent à une même syllabe et que les notes
séparées doivent être articulées séparément avec
les syllabes sur lesquelles elles tombent, bien
qu'elles paraissent par le trait horizontal faire
partie d'un groupe et y être attachées.

En résumé, ce 2e mode se justifie par son
application à la notation des instruments concordants auxquels le 1er mode ne saurait convenir, comme l'on a pu en voir la preuve par
les exemples des tableaux. De tous les systèmes
de notation complets qui pourraient être imaginés, c'est celui qui se prêterait le mieux à
la composition typographique de toute espèce
de musique, même la plus compliquée, comme
la notation de l'orgue.

La facilité d'aligner les caractères pour toutes
les valeurs de l'intonation et de la durée sans
superfétations parasites, offrirait un moyen très
peu coûteux de reproduction musicale par l'im-
primerie. Ce moyen analogue à la reproduction
des livres à bon marché, propagerait la connaissance de la musique comme celle de la lecture, aujourd'hui à la portée de tous. L'on ne
saurait en effet se dissimuler que les frais si
coûteux de la typographie musicale, pour qu'elle
paraisse claire et lisible, ne soient un des plus grands
obstacles à la propagation de la musique chorale

parmi le peuple. Il faudrait pour cela des livres musicaux composés avec des caractères tels que nous le proposons, parce qu'ils sont les plus économiques d'abord, les plus lisibles, et qu'ils reproduisent sur une seule gamme tous les tons de la musique. Cet avantage, nul et inapprécié pour un bon musicien, nous le savons, est cependant réel pour ceux qui veulent faire de l'harmonie vocale sans prétendre à la profession de musicien, et la preuve, c'est que la seule musique qui soit encore populaire en France, c'est celle de l'église, c'est le chant Grégorien en un mot, et pourquoi cela? parce que le peuple exécute tous les modes du plain-chant sur une seule gamme diatonique. On fera chanter aussi, quand on le voudra, la musique la plus belle avec une seule gamme diatonique. Mais la musique enseignée avec les difficultés dont se jouent les artistes, et auxquelles les professeurs-artistes eux-mêmes ne font pas attention, précisément parce qu'ils ne pensent pas que ce soient là des difficultés, la musique chorale, en un mot, ne fait pas de progrès dans les masses. La sténographie musicale, nous le répétons pour la dernière fois, devrait être utilisée pour l'enseignement populaire de la musique, avec d'autant moins de répugnance par les professeurs qu'elle ne serait pas un de ces instruments que l'on doive laisser plus tard de côté comme inutile en parvenant à la notation usuelle comme artiste, puisqu'elle peut toujours servir aux artistes comme sténographie. Pour prouver la facilité que donne pour le chant la transposition de tous les tons en une seule gamme, nous avons transcrit en notation diatonique dans les tableaux lithographiés et les exercices des pages 19, 20, et depuis page 24 jusqu'à 39, tous les morceaux susceptibles d'être chantés ; l'on pourra, en conséquence, faire cette expérience, que le premier chanteur de plain-chant venu, avec la seule gamme diatonique, après avoir préalablement appris à lire les notes sténographiques, peut chanter tous les tons les plus compliqués avec la plus grande justesse d'intonation sans avoir à s'inquiéter de ce qu'adviennent les dièses ou bémols qui, dans la transcription chromatique, seraient une si grande pierre d'achoppement pour leur exécution. Que ce chanteur à la voix exercée, aux intonations justes, se donne la peine d'apprendre la mesure, il saura la musique en très peu de temps, tandis que sans la transcription diatonique, il lui faudrait des années pour apprendre à solfier juste les gammes de tous les tons.

Le n° 4 est un carillon en canon à 3 voix, le petit signe en forme d'S placé en tête d'une mesure indique l'entrée de chaque voix qui forme l'harmonie par la reprise alternative des mêmes phrases.

APPLICATION DE LA NOTATION MIXTE A LA MUSIQUE
VOCALE AVEC PAROLES.

Le chant sans paroles, avec solmisation ou vocalisation, appliqué à l'étude de la musique sur les exercices de solféges, est noté avec avantage d'après le système de *Galin*, lequel a pour but, comme nous l'avons vu et démontré plus haut, de classifier d'une manière rationnelle le procédé usuel de noter la durée des sons dans la musique.

C'est pour cela que précédemment, dans le 1er volume pratique de notre méthode, consacré aux exercices de solfége, et dans les exemples des 2 volumes théoriques suivants, les chiffres sténographiques servant de notes de musique, sont employés dans les divisions de l'unité de temps sous les barres de division et de subdivision qui les groupent, sans aucune des modifications finales dont ils sont susceptibles, pour indiquer des valeurs de fractions de temps isolées, comme les croches simples, doubles, triples de la notation usuelle.

Mais pour la notation sténographique de la musique vocale avec paroles, laquelle est un des moyens d'application populaire et facile de la connaissance acquise de la musique par la méthodé, nous devons, comme dans la notation usuelle, distinguer entre la musique de solfége ou instrumentale et la musique de chant avec paroles.

En effet, les paroles étant le principal, et le chant l'accessoire ou l'ornement, il en résulte que les notes doivent suivre les lettres, et se détacher des groupes dont elles dépendent dans la classification rationnelle des fractions de l'unité de temps, pour tomber d'aplomb sur les syllabes auxquelles elles appartiennent et avec lesquelles elles doivent sonner. Voilà pourquoi dans la notation usuelle l'on a été obligé de terminer, par une queue dont le nombre des crochets indique la fraction, les notes fractionnaires de l'unité de temps. Ensuite, pour ne pas multiplier l'emploi des ligatures, l'on est convenu de revenir aux barres de groupes pour l'ensemble des notes fractionnaires de l'unité à faire sonner sur une seule et même syllabe.

Ainsi, d'après ces principes, tous les signes notés isolément doivent, dans l'exécution, être détachés par autant de syllabes, et les notes groupées sous une barre ou un signe de liaison doivent être coulées par un seul coup de gosier sur la syllabe ou la voyelle en tête des notes groupées. De cette manière la voix, guidée par l'œil, n'éprouve aucune hésitation, et l'on évite les doubles emplois, inconvénient des écritures mal agencées.

Les notes sténographiques, contrairement aux chiffres arabes, peuvent prendre toutes les modifications finales qui les assimilent aux notes usuelles.

En conséquence, indépendamment des signes ronde, blanche, noire et croches détachés que nous avons indiqués plus haut, page 6, etc., il existe encore d'autres modifications affectées aux doubles, triples et quadruples croches, ainsi qu'on peut le voir aux pages 10 et 11, tableau 5 des planches lithographiées. La modification pour les 1/8 de temps, se marquant d'un trait de plume au bout de chaque signe-note, sans lever la main, est facile à tracer. Elle indique bien par sa forme, qui semble terminer la note par deux crochets, l'analogie du nom et de la forme de double-croche qu'elle a avec la notation usuelle. La différence bien tranchée d'avec les autres modifications, qu'elle donne à la fin du trait, nous l'a fait préférer aux autres modifications plus faciles à tracer; par exemple, à la modification suivante du tableau qui aurait pu par sa forme convenir aussi à la dénomination de double-croche. Du reste, une règle importante dont il ne faut point se départir en sténographie, c'est de déterminer le choix des traits égaux en rapidité, par le moins de chances possibles aux déformations dans la rapidité du tracé. C'est cette règle qui nous a guidé et n'a fait

admettre arbitrairement aucun des signes de cette
sténographie musicale.

Les signes isolés des triples et des quadruples
croches, dans la musique vocale, sont tellement
rares, qu'il fallait reporter tout l'intérêt des
nuances bien tranchées qui distinguent les valeurs.
des notes, par leurs modifications finales, sur
les valeurs les plus usitées. Indépendamment des
modifications finales du tableau 5 et des abréviations, pages 6 et 7, il en est encore une
infinité d'autres que l'on pourrait indiquer, sans
compter les modifications *initiales*. Nous avons
dû nous borner, nous le répétons, à celles qui
pouvaient entrer dans l'usage pratique de tous
les musiciens sténographes, pour ne pas surcharger la mémoire et y porter la confusion à
force de vouloir étendre le cercle des abréviations. Pour ceux qui ne sauraient se contenter de celles que nous avons présentées, il
est loisible d'en adopter de particulières, à sa-
tiété; elles se retiendront d'autant plus facilement qu'on se les sera fabriquées à loisir, au
fur et à mesure de l'usage familier des modifications les plus utiles.

A ceux qui prétendraient que la manière tirée
de la notation usuelle de détacher les notes fractionnaires des barres de leur groupe, pour les
isoler et ne distinguer leur valeur que par une
modification finale, est moins claire, moins facile

pour l'exécution que la manière de Galin, celle
en un mot des solféges et de la musique instrumentale; nous dirons que d'une part la musique
de solfége doit être notée de manière à rendre
le plus clairement possible la lecture pratique
de la musique, attendu que là l'objet principal
est l'étude de la musique, dont les solféges sont
le moyen, et que de l'autre part la notation de
la musique avec paroles doit rendre le plus net-
tement possible l'application des paroles au chant,
attendu que la parole est l'objet principal, et
que la musique de chant avec paroles, n'étant
pas aussi compliquée que la musique instrumentale, il est facile aux musiciens qui ont à
exécuter la musique vocale de rassembler instantanément, dans leur exécution, les notes épar-
pillées sur les syllabes, et par les figures de valeurs qu'elles portent de les grouper sous les
unités de mesure dont elles descendent. Nous
disons des musiciens, parce que la mise des paroles sous la musique, avec la notation qui lui
convient, n'est faite que pour les musiciens,
tandis que les solféges, avec leur notation, sont
des exercices gradués pour ceux qui, n'étant
pas musiciens, désirent le devenir.

Page 15.

NOTATION DOUBLE.

1er GENRE.

7e TABLEAU.

Chiffres sténographiques de la 3e octave de la sténographie musicale combinés avec toutes les valeurs pour remplacer sur la portée les points-notes avec leurs valeurs de durée.

Chose remarquable ! les barreaux, qui aujourd'hui sont le fondement de la notation usuelle, n'ont point été primitivement imaginés pour exprimer l'intonation et la durée des notes comme notation. Ils n'ont été employés que pour mettre en rapport les notes avec les touches du clavier, et cela est si vrai que ce n'étaient pas des points noirs qui étaient échelonnés sur les 8 barreaux d'une gamme, mais les lettres de l'alphabet qui servaient à la notation ; les barreaux avaient été si bien imaginés pour correspondre avec les touches du clavier, qu'il y avait autant de barreaux que de touches, par conséquent, point d'interlignes comme aujourd'hui, et qu'enfin, lorsque l'on supprima les lettres et les barreaux interlignés, l'on conserva, sous le nom de clé, celles des lettres qui, à égales distances les unes des autres, pouvaient faire retrouver facilement par le nom des touches auxquelles elles avaient été affectées, le nom des barreaux

correspondants à la même touche et par suite
celui de tous les autres adjacents. De là les
formes : 1° de la clé de *fa*, note qui autrefois
était représentée par un F ; 2° de la clé d'*ut*
qui était un C ; 3° de la clé de *sol* qui était
un G.

Ce qui contribua à faire substituer aux lettres
la notation telle que nous la voyons aujourd'hui,
fut la création de l'harmonie.

En effet, les professeurs de chant qui tous or-
ganisaient plus ou moins, à force de lire les lettres
sur les barreaux qui correspondaient aux touches,
finirent par s'apercevoir qu'ils distinguaient les
barreaux par leur place, et comme les lettres
en définitive étaient fort longues à tracer, ils
trouvèrent plus expéditif, plus sténographique en
un mot, de remplacer les lettres par un point
rond, carré ou en losange, buriné d'un seul coup
de poinçon. Plus tard, les cahiers d'orgue ser-
virent au chant, et voilà comme insensiblement,
par les avantages d'une copie plus rapide, se
substituèrent aux manuscrits de chant en lettres
les manuscrits d'orgue. C'est de là aussi par l'habitude des contrepoints, premiers rudiments de
l'harmonie sur l'orgue, que date l'aplatissement
des notes de plain-chant en formes carrées toutes
égales, de sorte que les mélodies grégoriennes
sont devenues par ces transformations barbares
quelque chose d'incohérent qui afflige les oreilles

des hommes de goût, défectuosités grossières qui devraient être bannies des églises où elles semblent remplir un autre but que celui pour lequel a été institué le chant religieux, qui est d'édifier et d'attirer.

Telle fut l'origine de la notation moderne. La plupart des auteurs voulant faire supposer qu'un changement si important avait été adopté après de mûres reflexions plutôt que par la pente insensible d'une tradition erronée, prétendent que la cause de cette notation vient de l'idée qu'auraient eue les professeurs d'échelonner les lettres sur des barreaux pour peindre aux yeux des élèves la progression des notes. En effet, c'est la seule raison que l'on donne aujourd'hui pour justifier l'emploi de cette notation. Mais si cela était une raison, pourquoi aurait-on attendu juste à l'époque de Guido d'Arezzo, au 11e siècle, où l'usage des orgues se répandit, pour adopter une idée si utile à l'enseignement, idée qui aurait échappé à la docte antiquité, à la primitive église et surtout à la 1re partie du moyen-âge, cette époque de la plus grande vogue du chant religieux, où les rois, les princes, se faisaient un honneur de le composer et de le chanter à l'église. Il faut bien que l'invention de la lecture de la musique sur les barreaux ait été nuisible, non à la musique instrumentale proprement dite pour laquelle elle a été même créée, mais à la musique vocale populaire identifiée avec le chant Grégorien, puisque c'est précisément de cette époque que date sa décadence progressive, et qu'il ne fut plus conservé que comme les éléments d'une langue dont on avait perdu l'intelligence. Cette invention, produit des circonstances, n'est pas due au moine Guido d'Arezzo plus qu'à tout autre professeur de cette époque. L'on a voulu spécialiser sur un nom la notation par lignes, comme autrefois l'on avait spécialisé du nom du pape saint Grégoire, le chant ecclésiastique complété et la notation par lettres qui servait à l'interpréter.

Ce qu'il y a de très curieux, c'est que la cause, dans l'origine, de la notation moderne usuelle, fut non pas le besoin d'une plus grande clarté ou facilité, comme l'affirment ceux qui jugent de la facilité d'une chose par l'habitude qu'ils en ont et ne se mettent pas par conséquent dans les conditions d'impartialité voulues pour bien juger, mais le besoin de copier vite la musique, le besoin d'une sténographie musicale en un mot, tant le tracé des lettres gothiques si compliquées par elles-mêmes était long, surtout quand il fallait les surcharger des accessoires de la durée. Quel avantage l'on dût rencontrer pour la rapidité de la copie dans le tracé mécanique fait à l'avance des lignes de la portée, puisqu'il ne restait plus qu'une figure

de durée à tracer sur ces lignes et à lui donner
par le fait même sa valeur d'intonation!

Mais de nos jours cette sténographie, bonne
pour le plain-chant, n'en est plus une pour la
musique, et bien que le tracé des lignes à l'a-
vance fût une puissance sténographique, puisque
ces lignes, signes d'intonation d'attente, n'ont
plus à recevoir au moment de la copie que
les figures de durée, nous n'avons pu néanmoins, pour la sténographie musicale, conserver
des lignes qu'une seule, tracée à l'avance, et
encore, non plus une ligne d'intonation, mais
une ligne de durée. L'écriture de la musique
en est devenue non seulement plus rapide mais
bien plus lisible; en effet, comme c'est précisément l'embrouillement des espaces qui rend si
difficile la lecture des intonations pour toutes les
octaves, il fallait bien plutôt affecter aux intonations
une figure spéciale, et distinguer par les espaces
les figures de la durée bien moins nombreuses.

En admettant que l'on pût buriner d'un seul
coup des notes de durée inégale sur des lignes
tracées à l'avance, comme pour le plain-chant,
ce pointage eut été encore plus long que le
tracé des notes dans la sténographie musicale,
puisque le passage d'une note à une autre eut
demandé trois mouvements de main dans le
premier cas, et deux seulement dans le deuxième cas, à cause de la liaison des notes qui

épargne les levées de main. Mais il ne s'agit pas de pointer les notes dans le système actuel de la notation usuelle. Que l'on compare tous les mouvements que fait la plume pour remplir d'encre un point rond, y ajouter une queue, puis des crochets. Bien que tous ces mouvements exigés pour une seule note soient faits très vite par ceux qui en ont l'habitude, il n'en résulte pas moins que la sténographie musicale qui, pour le tracé d'une double-croche, par exemple, n'exige qu'un mouvement de main, est infiniment plus rapide que la notation usuelle qui, pour le même signe, demande 7 à 8 mouvements.

Il n'y avait donc pas à hésiter, pour la création d'une sténographie musicale, à revenir au système de notation alphabétique de saint Grégoire par la suppression des lignes d'intonation tracées à l'avance.

En vain, dira-t-on, que le système alphabétique abandonné pour le système par lignes est bien moins commode pour la lecture, que l'œil aime à voir ce que l'esprit conçoit, et que l'échelonnement de notes égales de forme, mais différentes de position, est un secours d'intonation.

C'est tout le contraire qu'il faudrait dire, selon nous, puisque cette égalité de position pour des degrés inégaux d'intonation

n'est qu'un trompe-l'œil, contre lequel il faut
toujours se préoccuper, et par conséquent une
difficulté de plus. Enfin n'importe, nous accor-
dons que les lignes soient un secours, un
avantage, une nécessité même. Mais nous ré-
péterons : voulez-vous une sténographie musicale?
prenez-là telle quelle doit être, parce qu'elle
n'est que comme elle peut être ; n'en voulez-
vous pas? fermez le livre, il n'a pas été fait
pour vous.

Nous avons traité ailleurs toutes ces questions
de lecture musicale plus ou moins facile par
tel ou tel système, nous n'y revenons pas :
seulement nous déclarons ici que nous n'avons
rien affirmé, à moins d'avoir au préalable ap-
puyé nos assertions sur des expériences de fait
contradictoires. Des faits, tout le monde en cite,
en produit, mais personne ne se donne la peine
de mettre les faits contradictoires en parallèle
dans des conditions égales pour décider ensuite
avec impartialité. L'on a cherché longtemps et
l'on cherche encore à la philosophie son *crite-
rium*, il n'y en a pas cependant d'autre que
celui déduit, par la raison, de la puissance des
faits mis en parallèle.

Pour ceux qui ne peuvent ou ne veulent
vérifier des faits d'expérience contradictoire tels
que nous les avons maintes fois éprouvés pour
savoir, abstraction faite de toute discussion, de

tous raisonnements, si l'échelonnement des
notes sur les lignes est véritablement un
secours pour l'intonation et si, par conséquent,
le système de notation ordinaire est préférable
pour faciliter la lecture à tout système de notation basé sur le mode alphabétique, nous allons
citer un fait qui, dans la pratique, se reproduit
tous les jours et tranche selon nous la question
d'une manière positive. Prenez un lecteur de
plain-chant, présentez-lui un morceau de musique pour lire, non pas en mesure, mais
seulement les intonations, il gardera le silence
et restera muet, s'il n'a au préalable appris à
déchiffrer la musique, et cependant il n'y a
qu'une ligne de plus, et les intonations sont
communes dans les 2 genres. A l'inverse, prenez un musicien qui n'ait jamais appris le plain-
chant, présentez-lui un livre de plain-chant,
invitez-le à chanter, il restera également muet.
Sans sortir de la musique, faites chanter
des tons surchargés de dièses ou de bémols à
des musiciens qui n'ont l'habitude que de lire
4 ou 5 tons, ils garderont également le silence.
L'œil dans toutes ces nuances diverses peut
mesurer la distance des notes sur les lignes,
il la voit, il la saisit, et cependant aucune des
intonations voulues ne peut sortir de la bouche
du musicien paralysé. Et qui a opéré ce changement! une ligne de plus ou de moins et un

9

placement différent de la tonique, de la mé-
diante, de la dominante, de la sensible, des
cordes tonales en un mot. Donc, le musicien
solfie juste par la perception de la propriété
de la note dans la tonalité, et plus cette propriété lui apparaîtra claire, évidente, palpable,
dans une notation quelconque alphabétique,
plus sûres, plus vives, seront ses intonations.
L'échelonnement des notes, bien loin d'être un
secours, devient un obstacle, une gêne perma-
nente par la confusion que des notes toutes
semblables entre elles mettent dans l'esprit. Il
faudrait, pour qu'il soit véritablement un
avantage, n'avoir à chanter que des gammes.
Mais dans ce cas l'on n'aurait pas besoin de
notation, il suffirait d'écrire ces mots: chan-
tez la gamme depuis telle note jusqu'à telle
autre note.

La preuve palpable de l'expérience que nous
citons pour démontrer l'illusion qui fait attacher
aux lignes, pour la facilité de la lecture, une importance qu'elles n'ont pas, se tire des recueils
de musique, notés en ce que l'on appelle plain-
chant musical, publiés pour faire aborder l'exécution de la musique aux lecteurs de plain-chant,
et réciproquement des recueils de plain-chant
en notation moderne, intitulés nouvel Eucologe
en musique. « Le plain-chant est resté écrit avec
des signes qui ne sont plus connus que des

ecclésiastiques et d'un très petit nombre de fidèles, dit M. Félix Clément, auteur de ces recueils. Ces signes primitifs se sont modifiés, développés, transformés comme tout se transforme
autour de l'église qui, elle, ne change pas. La
traduction, en notation moderne, sera toujours
plus fidèle que ne peut jamais être celle d'une
langue en une autre, puisque les sons et leur
durée ne présentent pas entre eux le plus léger
changement, et que le signe seul est changé.
Seulement la note est carrée dans le livre du
chœur et ronde dans celui des fidèles; elle est
placée sur 4 lignes dans le premier et sur 5
dans le second, etc., etc. »

Comment se fait-il que la simple différence
d'une ligne en plus ou en moins d'une note
carrée avec une note ronde, suffise pour empêcher la lecture, si on ne lisait pas la musique
par la propriété de la note perçue; c'est-à-dire par
la solmisation. S'il en était autrement, jamais la
différence que nous signalons dans les 2 notations de la musique et du plain-chant, ne serait
assez grande pour qu'elle se fasse remarquer
dans la lecture. Et cependant elle est telle qu'elle
nécessite des recueils spéciaux. M. Félix-Clément
n'est pas le seul qui propose de mettre le plain-
chant en notation musicale moderne. Mais à
l'exécution de ce projet, si séduisant qu'il paraisse
au premier abord, se présente un obstacle auquel

l'on ne réfléchit pas. C'est que le plain-chant noté en musique, ou la musique notée en plain-chant, sont forcément notés avec les accidents des tons musicaux ou avec des clés de transposition qui y suppléent. Or, difficulté pour difficulté, autant conserver ce qui est, c'est-à-dire le plain-chant noté comme il l'est avec ses 4 clés de transposition. Car nous soutenons que le plain-chant, noté dans les 5 à 6 tons, qui peuvent être suppléés aux clés, sera même plus difficile d'exécution que dans sa notation ordinaire, et alors pourquoi changer? Mais c'est pour les musiciens déjà formés que l'on demande ce changement. Si les musiciens déjà formés peuvent exécuter votre plain-chant, transposé sur une seule clé, avec les accidents des tons nécessités par l'emploi de cette seule clé, ces mêmes musiciens pourront, en place des 4 clés du plain-chant, exécuter le plain-chant sur les livres ordinaires, en plaçant sur les lignes une clé fictive, en rapport avec celle dont ils ont l'habitude, et en accolant à cette clé le nombre nécessaire d'accidents pour laisser la tonique du morceau à sa place. S'ils ne le peuvent, c'est qu'ils ne sont pas musiciens. Ainsi, par exemple, supposons des morceaux de plain-chant à leurs clés diverses, à mettre en clé de ∪, sur la clé d'/, 4ᵉ, 3ᵉ et 2ᵉ, ligne, sur la clé de ∩, 3ᵉ et 2ᵉ ligne, mettons par la pensée la clé de ∪

au premier barreau. Dans le cas de l' ⁄ à la 4ᵉ
ligne, l'on aura pour la tonique ∩, un bémol
à la clé. Sur la clé d' ⁄ 3ᵉ, l'on aura pour la
tonique ⋁, 2 dièses à la clé; sur la même clé,
2ᵉ ligne, l'on aura pour la tonique ⌐, 5 dièses
à la clé; sur la clé de ∩, 3ᵉ ligne, l'on aura
pour la tonique ⌐, 3 dièses à la clé; sur la
clé de ∩, 2ᵉ ligne, l'on aura pour la tonique
∩, un bémol à la clé. Une opération analogue
serait à faire pour la clé de ∩,4ᵉligne. Il est évident
que par ce moyen la notation ordinaire du plain-
chant, étant lue sous l'aspect uniforme de la clé
de ∪, à laquelle l'on supposera le premier barreau retranché, il n'est pas nécessaire de faire
imprimer cette clé de ∪ avec les tons qu'elle
comporte. Mais, dira-t-on, le plain-chant, même
pour un musicien qui a l'habitude de lire et
d'exécuter tous les tons de la musique, sera plus
difficile à lire noté avec ces tons que la musique
notée avec des tons analogues, parce que la modalité n'est pas la même. C'est vrai, mais cela
prouve alors qu'il faut chanter le plain-chant par
transposition, et que bien loin de le rendre plus
facile à exécuter, en le notant sur une seule clé,
on le rend plus difficile, ce qui revient à dire:
ou qu'il faut garder le *statu quo*, ou recourir à
d'autres moyens que la notation par lignes; c'est
tout ce que nous voulions prouver. L'on peut
se convaincre par là que les transformations des

clés du système ancien dans le système moderne,
ne sont qu'un trompe-l'œil, et qu'elles ne font
que déplacer la difficulté. Les livres de plain-
chant, notés dans la forme moderne, n'étant
donc pas utiles aux musiciens, ne le sont pas
plus aux fidèles qui ne savent pas la musique,
puisque le plain-chant reste pour eux avec les
mêmes obscurités. Si donc l'on voulait tenter
quelque chose sans sortir des habitudes, pour
améliorer et rendre plus populaire l'exécution
du plain-chant, il n'y avait pas, selon nous,
d'autres moyens à prendre que la solution du
problème que nous proposons dans la brochure
extraite de l'Université catholique et intitulée :
Moyen d'exécuter le plain-chant par les principes
de la notation grégorienne, *sans rien changer
aux habitudes de ceux qui savent.* Mais pour cela
il faudrait être convaincu que si l'exécution a
pu périr dans les églises avec les moyens ordinaires ou du moins être dénaturée au point d'être
devenue insupportable pour les oreilles délicates
au lieu d'être agréable, c'est la faute d'une notation trop difficile à lire pour les fidèles, qui
ne peuvent sortir de cette triste alternative: ou
de dénaturer le plain-chant en le lisant mal, ou
de ne pas le lire du tout. Aussi dans les recueils
de plain-chant que nous citons, mis en notation
moderne, ne trouve-t-on que les morceaux qui,
d'un caractère mélodique prononcé, peuvent être

chantés de mémoire. Et a-t-on mis de côté les antiennes, graduels, introïts, etc., morceaux à répéter seulement d'année en année, et qui, par cela même, n'offrant aucune prise à la mémoire, seraient, par les raisons que nous avons dites, trop difficiles d'exécution, même pour les musiciens.

COMBINAISON DES NOTES OU CHIFFRES STÉNOGRAPHIQUES AVEC LA PORTÉE.

De même qu'autrefois, pour faciliter le doigté de l'orgue, l'on s'est imaginé de mettre les lettres-notes sur des lignes, pour peindre à l'œil l'effet des touches sur la progression des sons, effet sensible sur le monocorde par le chevalet mobile; de même aussi, dans ce tableau, nous avons voulu prouver que sans revenir aux lettres, l'on pourrait tirer des points ronds un meilleur parti qu'on ne l'a fait jusqu'ici, en leur donnant une valeur d'intonation réelle sans abandonner pour cela les valeurs de durée consacrées par l'usage.

En effet, pourquoi dans la musique se sert-on, pour marquer la valeur de durée sur les lignes d'intonation, d'un point blanc ou noir toujours rond, dont la figure indéterminée, bonne seulement pour indiquer la durée, reste en pure perte pour la facilité de la lecture de l'intonation?

Si la position des notes sur les lignes est pour

les yeux un avantage que l'on regretterait de
voir perdre par l'emploi exclusif de la sténographie musicale considérée comme système de
lecture populaire et facile de la musique, pourquoi alors, en vue de faciliter la lecture ordinaire de la musique, ne pas substituer des points
significatifs simultanés d'intonation et de durée à
ces points figures de durée seulement qui restent
inertes pour l'intonation? Pourquoi ne pas donner
aux 7 notes de la gamme échelonnées sur la
portée une figure spéciale facile à tracer qui
fasse toujours reconnaître l'intonation avec la
durée, quelle que soit la position des 7 clés
à l'usage desquelles l'on pourrait alors revenir.
Toute question de sténographie et d'économie
de tracé étant mise de côté, il y aurait tout à
gagner et rien à perdre, non point à changer
quelque chose dans le système de la notation
usuelle qui est conservé intégralement, mais à
prendre une amélioration dont il est susceptible.
Pour substituer aux points ronds une figure
significative et appropriée à chaque degré de la
gamme, aucun signe ne nous paraît plus convenable et s'adapter mieux à cette idée, que les
7 signes primordiaux de la gamme sténographique.

Ces 7 signes peuvent être rondes, blanches,
noires, croches, doubles, triples et quadruples
croches, ainsi qu'on peut le voir dans le spécimen

que nous donnons. L'on reconnaît toujours dans les diverses transformations que ces signes subissent en se façonnant aux exigences de la notation usuelle, les 3 pentes de la ligne droite et les 4 sections du cercle.

L'avantage de cette notation double, c'est d'offrir une lecture facile tout aussi bien à ceux qui ne connaissent que la notation usuelle qu'à ceux qui, n'étant pas familiarisés suffisamment avec cette notation, voudraient s'aider des signes sténographiques. Pour les premiers, les signes ne seront que des blanches, des rondes, des noires, des croches ; pour les seconds, les signes auront non seulement ces dernières valeurs, mais seront encore les 7 notes distinctes de la gamme.

Nous appelons ce système notation double, car avec lui l'on peut réaliser le problème de l'alliance de la place du son avec sa propriété dans la tonalité, voyez les exemples du spécimen sur les canons, nᵒˢ 6, 7 et 8. Nous ne nous étendrons pas sur les avantages de cette alliance, nous avons suffisamment traité cette question dans l'ouvrage intitulé *Langue des Intonations*. La notation des 3 canons, nᵒˢ 6, 7 et 8, est constituée de telle sorte que le chiffre sténographique indique la propriété des sons par la gamme du ton du morceau et la place par la position des notes sur les barreaux conformément au rang

qu'elles doivent occuper dans l'échelle générale,
sur la portée de la clé de ∪.

Les 7 signes employés sont les mêmes que
dans la sténographie musicale, seulement les 2
derniers signes ⌐ et ⌐ sont appropriés avec la
courbe entière comme le ∩ et le ∪ aux fonctions de durée qu'ils doivent remplir en confor-
mité avec les signes usuels.

Le n° 1ᵉʳ présente les signes blanchis sans
queue pour les rondes, avec queue pour les
blanches. Le n° 2 est affecté aux noires. L'on
remarquera que, contrairement à la pratique
de la notation usuelle, nous avons supprimé
la queue comme absolument inutile. Les nᵒˢ 3,
4 et 5 sont appropriés aux croches détachées,
aux croches liées et aux doubles croches, le
tout mis en gamme. Ces exemples nous paraissent suffisants pour donner la clé de ce système.
Le n° 6 est un canon sur le ton de ⌐ majeur. L'on remarquera que la tonique étant ⌐,
le point figurant l'/ devra être posé entre les
barreaux de la place du ⌐. Ainsi on lira /
comme étant ⌐, et ⌐ comme étant /, c'est-
à-dire que l'on considérera la note ⌐ comme
ayant acquis la propriété d'/, sans pourtant
changer de place et sans cesser de conserver
le son primitif qu'elle possède dans l'échelle

générale. Les autres notes, sans changer de place, acquièrent également leurs propriétés particulières relatives à la tonique.

Au n° 7, la tonique se trouvant être ∪, la figure ∕ se posera sur le barreau du ∪.

Au n° 8 le ∖ acquiérant la propriété de tonique, la figure ∕ sera inscrite au-dessous du premier barreau à la position du ∖ et prendra le son de ce ∖. Ainsi de suite pour toutes les autres notes dont la figure indique la propriété des sons relativement à la tonique et dont la position indique la place de ces sons dans l'échelle générale. Voyez tome II, Théorie grammaticale de la musique, section 4 : des tons, pages 113 et suiv. et chapitre 5, pages 161 et suiv.

Les syllabes placées sous les canons en guise de paroles sont des moyens de rappel pour ceux qui connaissent le système de solmisation exposé dans l'ouvrage intitulé *Langue des Intonations*.

Page 16.

8° TABLEAU.

2° GENRE DE NOTATION DOUBLE.

NOTATION PAR LIAISON DE 2 NOTES.

Ce 2° genre du système de notation double repose entièrement sur les signes de la sténographie musicale combinés deux à deux.

Soit à la gauche du tableau, la série des 4
octaves de la gamme sténographique, la première octave commençant, faute de place suffisante, à la 5ᵉ note, au ()J ; l'on désignera, pour
s'y reconnaître, et comprendre notre démonstration, les 2 premières octaves par une série de
14 consonnes similaires majuscules et les 2 dernières octaves par la série des mêmes consonnes
minuscules, puis les 7 notes de la gamme de la
3ᵉ octave sténographique par les 7 voyelles, *a*,
é, *i*, *eu*, *o*, *u*, *ou*, sonnant par une étroite
alliance avec les consonnes pour former avec
elles autant de syllabes. Cela étant, afin de représenter par écrit l'effet de l'alliance intime qui
fait sonner la voyelle avec la consonne pour
former le corps d'une même syllabe dans une
seule émission de voix, on lie sans traits parasites les notes de toutes les octaves considérées
comme base avec les notes de la 3ᵉ octave qui
doivent leur convenir. Le résultat sera de pouvoir, au moyen d'un seul signe représentant et
imitant par écrit pour la vue, les combinaisons
de la voix pour l'oreille, rendre toutes les émis-
sions syllabiques produites par la rencontre de
l'articulation de toutes les consonnes sur chacune
dés 7 voyelles. Par conséquent, il suffira d'un
seul et même signe pour noter, dans tous les
tons à la fois, la place du son nommée par
la consonne et écrite par les 4 octaves, et la

propriété de ce son nommée par la voyelle et écrite par la 3ᵉ octave attachée aux signes des 4 octaves qui lui conviennent.

Ainsi, par exemple, le ton d'/ étant le ton primordial et faisant sonner les voyelles avec les consonnes dans les rapports de même octave, les signes des 4 octaves appartenant aux consonnes s'écriront seuls et sans adjonction à la 3ᵉ octave des voyelles, par la raison que cette octave des voyelles est toujours supposée et forcée pour l'articulation des notes désignées à la place des sons. L'on peut voir par le nᵒ 2 que le redoublement est inutile, puisqu'on peut toujours le supposer, mais pour les tons suivants l'on verra au tableau l'exemple de l'attache de la 3ᵉ octave à la série des 4 octaves pour rendre l'effet exposé plus haut.

Ainsi, pour le ton de ∪ nᵒ 3 sonnant *ba, gé, zi, teu, lo, nu, fou, pa, qé, si, Deu, Ro, etc.*, l'on voit qu'il a suffi d'attacher la gamme de la 3ᵉ octave à partir de la série des 4 octaves commençant à ∪ 2ᵉ octave de la portée de la clé de ∪ ou de ∩, pour rendre, au moyen de la liaison-sténographique par un seul et même signe, l'effet diatonique majeur du ton de *sol* sans rien déranger cependant dans la solmisation et la notation à la place rigoureuse que le son *sol* doit occuper dans l'échelle générale réglée par un diapason commun qui est à la musique pour les rapports musicaux entre les musiciens, ce que le mètre et les mesures communes sont entre les citoyens d'un état pour leurs rapports commerciaux et d'intérêt.

L'observation que nous venons de faire pour le ton de ∪ s'applique aux tons de ∩, de ⟍, de ⟋ et de ‿ ♭, des n°ˢ 4, 5, 6, 7 et 8 : ainsi, pour le ton de ∩ l'on solfiera et l'on écrira *va, bé, gi, zeu, to, lu, nou, fa, pé, qi, seu, Do,* pour le ton de ⟍; *ra, mé, vi, beu, go, zu,* etc., etc.

Les signes de cette notation double, comme les notes simples, prennent à la fin de leur trait, c'est-à-dire à la fin du signe de la 3ᵉ octave, les modifications qui règlent leur valeur de durée.

Comme au 1ᵉʳ système, les valeurs peuvent être marquées selon le 1ᵉʳ mode, voyez n°ˢ 8 et 7 de ce tableau, ou selon le 2ᵉ mode du même système, voyez n°ˢ 5 et 6.

En résumé, le problème à poser à l'égard de ce second genre du 2ᵉ système de notation, était celui-ci : noter en un seul signe la place du son et sa propriété : en un mot, un degré de l'échelle des sons étant donné, écrire les degrés suivants avec les modifications qui indiquent les rapports diatoniques que la base ou tonique prise du premier degré donne à tous les autres degrés.

Il fallait rendre par un seul et même signe 4 choses distinctes : 1° la place des sons de la

gamme, 2° ses octaves, 3° ses propriétés, 4° sa
durée depuis 4 temps jusqu'au 64° de temps, de
manière qu'à la seule inspection du signe représentant la note, le musicien puisse retrouver
sur l'instrument, à la fois la touche absolue du
son et sa justesse pour le degré du ton qu'il
occupe dans l'échelle. La solution de ce problème pouvait paraître difficile au premier abord,
et même elle eut été impossible sans la base
sténographique.

Nous savons bien que, devant le fait accompli
et immuable de la notation usuelle, aucune
notation n'est proposable autre qu'une sténographie musicale spéciale dans ses attributions; mais
il n'en est pas moins certain que si un corps
savant, une académie préoccupés de rechercher
la perfection absolue de la notation musicale
indépendamment de tout système antérieur, de
toute habitude prise et de toute idée sténographique eut posé le problème ci-dessus, il eut
fallut prendre pour point de départ les principes
posés par la sténographie, en sorte que les données établies pour doter la musique de sa sténographie seraient encore celles qui devraient servir
à l'écriture la plus parfaite, parce qu'elle serait
la plus complète avec le moins de complications
possible.

Ces caractères de la notation double seraient
susceptibles d'être reproduits par la typographie,

mais ils devraient être portés à 1,400 pour la
musique instrumentale, à 147 seulement pour la
musique vocale, et exigeraient autant de *casses*
qu'il y a d'échelles de tons, c'est-à-dire 7.

Si les signes ont une grande influence sur
les idées au point que la pensée n'existerait pas
chez l'homme si elle n'avait pas son signe
représentatif, comme le prouvent du reste les
sauvages plus ou moins avancés en civilisation
selon l'état de leur langue, l'on peut être convaincu que plus les éléments de la musique
auront une signification claire par leurs signes
représentatifs et par le nom de ces signes, c'est-
à-dire la solmisation, plus les idées musicales se
feront jour dans la société, plus et mieux elle
aura d'habiles interprètes.

Cette question, telle que nous la traitons ici,
ne tombera pas dans le domaine de la pratique,
nous le savons, parce qu'elle ne sera ni admise
ni examinée par les musiciens savants qui font
loi dans la matière, et par cela même dirigent
le courant de l'opinion générale à l'égard
des questions musicales; mais nous nous y arrê-
tons parce qu'elle nous paraît offrir un certain
intérêt de curiosité pour ceux qui ont été mis
à même de juger les questions de nouvelles
notations qui ont paru et qui peuvent encore
paraître. Ils verront que si la notation usuelle
était comme une vieille maison qui ne puisse

plus abriter les musiciens et qu'il fallût démolir
pour en reconstruire une nouvelle, ce ne seraient
pas les inventeurs de nouvelles notations qui
pourraient par leur œuvre sceller la porte et
arrêter la carrière des recherches en fait de notations, puisqu'à une notation perfectionnée qui
serait adoptée, l'on pourrait plus tard venir en
opposer une autre plus perfectionnée encore qui
serait à cette dernière ce que celle-ci aurait été
à la notation usuelle, et qu'il faudrait réadopter
encore.

Au moins la sténographie musicale fondée sur
les 2 seules lignes possibles, la droite et la
courbe, étant une barrière au-delà de laquelle
n'existe plus que le néant en fait de signes, ne
saurait subir les inconvénients des recherches
de notations nouvelles combinées plus ou moins
ingénieusement en dehors des principes géométriques pour remplacer la notation usuelle.

Finalement, les développements auxquels cette
sténographie pourrait prétendre pour fonder une
notation complète à substituer à l'ancienne, participent au caractère d'immutabilité qu'elle possède en vertu des fondements géométriques sur
lesquels elle repose. C'est tout ce que nous voulions prouver.

10

NOTATION DOUBLE PAR LES COULEURS.

Tout se tient dans la nature. Rien au premier abord ne paraissent plus éloignées l'une de l'autre que la musique et la peinture. Quel rapport en effet entre quelque chose d'aussi fugitif que le son et quelque chose de fixe et d'immuable comme la couleur? Cependant les lois qui président à la formation de la musique par les éléments du son sont les mêmes que celles qui régissent la peinture par les éléments de la couleur. C'est pour cela que les peintres et les musiciens se sont empruntés réciproquement les expressions de leur vocabulaire spécial. C'est ainsi que les peintres se servent entre autres de l'expression : *tons criards*, pour dire que les teintes sont heurtées, que les musiciens disent qu'une musique est brillante et colorée, etc.

Cette analogie nous a conduit à consigner ici comme simple curiosité, et pour compléter notre travail sur les notations, un essai de notation par les couleurs du prisme. Cette notation pourrait être employée dans l'ornementation par les peintres en décors. Elle formerait alors dans les capricieux enroulements de son tracé comme des arabesques colorées qui auraient leur attrait pour les yeux et leur signification pour les oreilles des musiciens.

Les physiciens ont considéré la lumière blanche du soleil comme composée de 7 couleurs, produites par la décomposition des rayons solaires au travers d'un prisme en *flint-glass*. Dans cet état, l'image du soleil, colorée des belles teintes de l'arc-en-ciel, s'appelle spectre solaire. Il existe en réalité dans le spectre une infinité de teintes, mais on n'en distingue que 7, disposées à partir de la moins refrangible dans l'ordre suivant : le ROUGE, l'orangé, le JAUNE, le vert, le BLEU, l'indigo et le violet. Cette dernière est la plus déviée sur la base du prisme et la plus refrangible. En allant du rouge au violet, les couleurs sont de plus en plus refrangibles.

Quelques physiciens ne comptent que 3 couleurs principales qui sont le rouge, le jaune et le bleu, et ils concluent, par diverses expériences, que le spectre solaire est formé de 3 spectres superposés de même étendue qui ont leur maximum d'intensité en des points différents, d'où résultent les différentes teintes du spectre solaire.

Les corps décomposent la lumière par réflexion et leur couleur propre ne dépend que de leur pouvoir réfléchissant par les différentes couleurs simples. Ceux qui les réfléchissent toutes dans les proportions qu'elles ont dans le spectre sont blancs, ceux qui n'en réfléchissent aucune sont noirs.

Le blanc est donc l'ensemble, le noir est l'absence des couleurs.

Le 3 couleurs principales dans la gamme des 7 couleurs sont telles, parce que par leur mélange elles produisent les 5 autres. Ainsi le rouge et le jaune produisent l'orangé. Le jaune et le bleu produisent le vert, le bleu et le rouge produisent l'indigo et le violet.

Enfin ces couleurs en passant de l'une à l'autre produisent des demi-teintes, comme dans la musique les transitions d'un degré à un autre produisent des demi-degrés.

La formation des sons dans la nature repose sur les mêmes principes d'unité et de trinité que la formation des couleurs. L'analogie est frappante. Ainsi, en décomposant l'unité de son, fournie par un corps sonore, l'on y découvre les 3 sons principaux d'où se déduisent les sons de la gamme ; comme en décomposant l'unité d'un corps lumineux, l'on y découvre les 3 couleurs principales et les 5 autres secondaires. Lorsque la répercussion fournie par un corps vibrant est indécomposable, elle s'appelle bruit, comme l'ensemble des couleurs indécomposées est le blanc. Lorsqu'il y a mouvement sans répercussion, il n'y a ni bruit ni son, de même que lorsqu'il y a absence de réfraction lumineuse il y a noir, c'est-à-dire absence de couleur.

Le père *Castel*, partant de ces faits d'analogie, imagina le clavecin oculaire. Il prétendait par ce moyen dédommager ceux à qui la nature a refusé le sens de l'ouïe, et procurer à l'œil la sensation agréable que font sur l'oreille la mélodie des sons de la musique et l'harmonie des accords.

Sans tomber dans l'exagération du père Castel, nous prétendons qu'en combinant les formes primitives telles qu'elles sont utilisées ici pour la sténographie musicale, avec les 7 couleurs primitives, l'on peut constituer une notation double ou écriture par les couleurs.

En effet, prenant d'une part les 4 octaves telles que nous les donne la sténographie musicale pour figurer les consonnes, et de l'autre part les 7 couleurs pour figurer les voyelles pures, et les demi-teintes de ces couleurs pour figurer les voyelles nazales, il suffirait d'écrire la consonne avec la couleur de la voyelle, pour avoir une notation colorée par laquelle un seul signe indiquerait à la fois par la forme la place du son et par sa couleur la propriété du son dans ses degrés et demi-degrés.

Pour peu que l'on attribue à la place et à la propriété des sons les noms des consonnes et des voyelles de la langue française, l'on pourrait former à l'aide des couleurs, non pas une écriture symbolique comme le *sélam*, mais bien une écriture exacte et alphabétique. Le blanc séparerait chaque signe syllabique et la couleur voyelle seule remplacerait le blanc, etc.

TITRE III.

ANALYSE GRAMMATICALE DE LA MUSIQUE.

De l'écriture de la musique, à la dictée, ou d'après ses propres idées.

Pour passer avec fruit aux opérations concernant la dictée musicale, il faut que les élèves aient été rompus aux exercices pratiques renfermés dans le 1ᵉʳ volume de la méthode ou autres exercices de lecture musicale analogues. Il faut ensuite qu'ils aient étudié et parfaitement compris les matières concernant la théorie grammaticale de la musique au tome II.

En un mot, ils doivent avoir par la théorie et la pratique une parfaite intelligence de ce qu'ils ont à écrire, et par la sténographie une écriture assez rapide pour pouvoir plus tard suivre le chant à l'exécution, et par conséquent joindre à la qualité de musicien celle de sténographe.

L'exercice de la dictée musicale est en effet comme nous l'avons vu, page 260, chapitre 2, titre III du tome II, la conséquence du rapport des intonations, aux durées en ce qui concerne la phraséologie musicale. Son exposé théorique a dû être renvoyé ici après la sténographie musicale, parce qu'elle suppose aussi la connaissance préalable de cette sténographie comme un moyen puissant et immédiat de son application.

« Pour écrire à la dictée, dit *Salvador Daniel*, il est nécessaire de se rappeler : 1° qu'il n'y a que deux modes, et il faut savoir auquel des deux appartient l'air qu'on veut écrire ; 2° il faut bien distinguer les deux premiers temps forts, car si l'air est bien fait, par ceux-ci on trouvera facilement tous les autres ; 3° reconnaître les phrases ou périodes symétriques pour écrire phrase pour phrase ; 4° ne pas oublier qu'on doit finir par la tonique, quoi qu'on puisse commencer par toute autre note de la gamme.

» Pour s'assurer du son de la tonique, il faudra entendre l'air en entier pour le moins une fois, car il se peut qu'avant la fin il y ait un ou plusieurs vers qui finissent par la tonique; mais cela est éventuel, au lieu que la finale est à la tonique par règle sans exception pour la mélodie. La tonique une fois connue, on tâchera de trouver d'abord les premiers sons de l'air et successivement tous les autres. On ne cherchera les temps forts que lorsqu'on aura fini d'écrire l'intonation. Comme il n'y a que deux classes de mesures à division binaire ou ternaire, on comprendra que l'essai de ces deux mesures est bientôt fait pour savoir laquelle des deux il faut appliquer; vient ensuite le rhythme, qui sera plus facile à trouver si l'on observe attentivement l'instant où l'on bat chaque unité, car il ne faut pas négliger de battre la mesure, qui seule indiquera les temps forts et fera saisir ensuite toutes les décompositions de l'unité qui forment les temps. Alors on ne se trompera pas pour trouver la mesure; mais on ne doit l'indiquer à côté de la clef, que lorsque l'air est tout fait.

» Si les élèves ne saisissent pas bien l'intonation, les temps forts et le rhythme, ils ne devront pas hésiter à faire répéter l'air plusieurs fois au professeur. Celui-ci le vocalisera ou le jouera sur un instrument; les élèves écouteront attentivement l'air, ils l'apprendront presque par cœur, et alors ils lui appliqueront les prénoms d'après le son de tonique qu'ils ont entendu le dernier; et la tonalité étant connue, ils s'empresseront de là marquer de la manière la plus rapide, afin de ne pas l'oublier. »

Pour apprendre à écrire sous la dictée, l'on ne se servira que de la notation sténographique MIXTE. La sténographie musicale PURE ne doit être employée que lorsque l'on est en état d'écrire le chant à une seule audition, c'est-à-dire l'intonation et la durée réunies.

En effet, pour les exercices à la dictée, l'on se sert de la notation rhythmique de *Galin*. A cet effet l'on indique d'abord les sons seuls par l'échelle des octaves formée par les chiffres sténographiques réservés à l'intonation, et c'est après que l'intonation et les temps forts ou les bâtons de mesure comme jalons sont marqués, que l'on ajoute d'après les procédés de *Galin*, les additions qui déterminent les valeurs des notes.

Avec la langue des intonations, rien n'est plus facile que de faire écrire à la dictée, non seulement les intonations, mais encore le ton et le mode.

Avec la langue des durées d'*Aimé-Paris*, dont les coupes sont données aux coups d'une simple baguette, rien ne sera plus facile également que d'écrire avec les formules de Galin, toutes les combinaisons de la mesure musicale à une simple dictée.

En peu de temps les élèves arriveront à écrire un air sous deux dictées seulement, l'une pour l'intonation, l'autre pour la durée des sons ; et lorsque par des exercices continus plus ou moins prolongés, ils seront assez habiles pour n'avoir plus besoin d'écrire que sous une seule dictée, ils pourront passer à l'emploi de la sténographie musicale *pure*, et ils écriront de sentiment l'intonation avec sa durée ; tout comme l'on écrit les mots d'une langue, c'est-à-dire les voyelles avec leurs consonnes. C'est alors qu'arrivés au point de pouvoir saisir instantanément aussi vite que l'exécution, les deux choses réunies, ils posséderont avec leur écriture musicale sténographique l'art précieux et encore bien rare de musicien sténographe.

Jusqu'ici la dictée musicale est restée sans applications dans les écoles et cours de musique, parce que, avec les complications et l'incohérence de la notation usuelle, elle était non seulement d'une difficulté extrême propre à rebuter tous les élèves, mais elle n'avait aucun but, aucune portée à cause des lenteurs de l'écriture musicale ordinaire. Aujourd'hui, avec le système de *Galin* combiné avec la notation sténographique MIXTE, elle n'est plus qu'un jeu, et avec la sténographie musicale PURE, elle devient dans le domaine de l'art un débouché encore inexploré jusqu'ici, et pour cause. Exemple :

Air en majeur.

Intonations. — Détermination du mode par les propriétés modales.

a, i. | o, i. | a, i. | eu, u, o. | a, i, o, ç. | o, i. | eu, é. | a.

Détermination du ton par les places tonales.

ou bien :

Détermination de la mesure, des durées et du rhythme par la langue des durées.

Par d'autres consonnes fixes à volonté.

Air en mineur.

u, a, é, | i, eu, i, é, a,ou. | u, a; é. | i, eu, i, u. | on,eu, i, é, | i; on. | uu.

d,m,v. | b, g, b, v, | d,m, r. | m, r. | d,m,v. | b, g, b, t. | z, g, b,v, b, z. | t.

q,d,r. | m, v, m. | g. | d, s. | q, d, r. | m, v, m, g. | b, v,m, r, m, b. | g.

b,z,t. | l, n, l, t, z, g. | z, g. | b, z, t. | l, n, l, p. | f,n, l, t, l, f. | p.

taétaétaé | taé até ta té | taétaétaé | taétaétaé | taé até ta té | ta té ta té | taé aé.

Rien de plus simple et de plus facile que les airs inscrits ici comme exemples. Qu'ils soient vocalisés par le maître ou qu'ils soient rendus par un instrument, il n'est aucun élève qui ne puisse appliquer à chaque inflexion de la voix, à chaque son de l'instrument qui jouera cet air (ou un autre semblable) le prénom convenable ; et l'on dira sans presque y faire attention ╱ — ∪ — etc.; en faisant sonner les voyelles avec les différentes gammes de consonnes, il apprendra à reconnaître et à distinguer à la fois les propriétés des sons dans les modes et leur place absolue dans les tons.

Comme les temps forts sont ceux sur lesquels on bat la mesure, nous recommandons très spécialement de la battre pour les trouver et pour les marquer ; enfin, les jalons de la mesure étant connus, on les écrira par les barres de mesure, et l'on marquera les temps et leurs divisions en battant toujours la mesure, ce que donnera la langue des durées, laquelle combinée avec les intonations reproduira complètement l'air.

Ces exemples ne sont pas donnés pour servir de modèle aux élèves, c'est plutôt pour que les maîtres puissent baser sur celui-ci les airs qu'ils voudront leur dicter, car les moyens pour écrire à la dictée reposent surtout sur l'audition et doivent être donnés progressivement par les maîtres.

Pour la dictée musicale, il faut se servir, comme on le voit aux exemples ci-joints, de la transcription diatonique indiquée pages 163 et suivantes du tome II, sauf à marquer par les consonnes le ton dans lequel doit être mis l'air, pour qu'il puisse convenir à telle ou telle voix. Dans les exemples, nous avons indiqué par la clé du *médium*, les tons sur lesquels doivent être chantés les airs pour convenir à la voix du *médium*. C'est pour le premier air, le ton de *va*, et pour le second, le ton de *ma* ♮. Si c'était pour soprano ou ténor, le premier et le second air pourraient être en *ut*, c'est-à-dire en *da* ou en *si* bémol, c'est-à-dire en *za* ♭ avec les clés indicatrices voulues. De sorte qu'à la dictée, l'intonation, la mesure, le rhythme et les clés seraient indiqués à la fois par les chiffres sténographiques sonnant par les voyelles de modalité avec les consonnes de tonalité.

Les clés sont déterminées ou par l'emploi du ton approprié à la voix ou à l'instrument choisi, ou par l'emploi de la voix ou de l'instrument appropriés au ton.

Cette diversité d'effets produits par une seule cause, un même principe, et donnant pour résultat le même air précisé par le mode et la tonalité, est sans contredit l'une des conséquences les plus avantageuses de la théorie grammaticale de la musique exposée au tome II.

L'école *Galin*, en haine du ton absolu, erreur des Conservatoires, néglige dans ses exercices de faire suffisamment porter l'attention des élèves sur la place des sons combinée avec leur propriété ; c'est un tort que nous évitons par la langue des intonations. Pour savoir écouter le chant en le décomposant et écrire par conséquent à la dictée, l'on doit, avant tout, étudier et reconnaître le jeu des intonations par leurs propriétés modales, mais il n'est pas moins vrai que par l'exercice, en adoptant le diapason conventionnel fixe sur lequel sont accordés tous les instruments, l'on ne puisse aussi acquérir la faculté de distinguer les propriétés tonales, c'est-à-dire la place des sons en rapport avec la voix ou l'instrument qui doit les exécuter et la clé de cette voix qui détermine les consonnes qu'il faut prendre. Nous connaissons des musiciens qui distinguent parfaitement à l'audition, d'après le diapason convenu, les tons dans lesquels l'on exécute de la musique.

Dans la dictée, la consonne est comme le barreau où l'on pose la tonique normale, c'est-à-dire la note ⟋ qui s'appelle *a*, et de là se déduisent toutes les autres consonnes avec la clé qui leur convient et leurs armures différentes.

En RÉSUMÉ : pour commencer à apprendre à écrire à la dictée, l'on divise ainsi la leçon en plusieurs parties.

On écrit : 1° Les propriétés des sons de l'air, sans jalons, ni de temps, ni de mesure, par les chiffres sténographiques, en ne pensant qu'aux voyelles ;

2° Les barres de mesure indiquées par les temps forts ;

3° Les divisions ou les prolongements du temps par le système de Galin, après avoir essayé la décomposition à la baguette par la langue des durées, ce qui donnera l'air ;

4° Enfin on solfiera par la langue de la solmisation, c'est-à-dire en articulant les voyelles désignées par les consonnes voulues, ce qui donnera le ton, et par conséquent l'armure de la clé, si, abstraction faite des voix, l'on veut écrire en notation chromatique des consonnes les chiffres sténographiques pour instruments.

C'EST SUR L'ÉCRITURE A LA DICTÉE QUE SE TROUVE RÉSUMÉE TOUTE LA MUSIQUE : THÉORIE ET PRATIQUE. *Nous ne cesserons donc de recommander aux élèves d'écrire à la dictée, non seulement au cours, mais à toute occasion qui se présentera.* Nous leur conseillons aussi d'écrire des airs connus et même d'en faire d'autres, s'ils le peuvent.

Les élèves ne sauraient trop apprécier les résultats du talent d'écrire à la dictée que lorsqu'ils auront atteint un certain degré de facilité. Alors ils reconnaîtront que l'écriture à la dictée est à la lecture et à l'analyse de la musique ce que l'idée est au mot qui l'exprime, c'est-à-dire que l'on trouve l'un par l'autre. Il faut donc écrire souvent pour se former à la lecture et à l'analyse de la musique, et il faut lire et chanter beaucoup de musique pour atteindre l'usage de l'écriture à la dictée.

Les premiers jours, les maîtres auront soin de dicter à leurs cours des airs de deux vers seulement. Ces airs doivent être basés sur l'accord tonique, et ce n'est qu'au fur et à mesure que les élèves se formeront à l'écriture, à la dictée et à la lecture réciproquement, que les professeurs pourront leur faire écrire des airs avec quelque dièse accidentel, après, avec quelque bémol, etc., jusqu'à ce que les élèves soient en état d'écrire par eux-mêmes toutes les difficultés possibles.

Les élèves initiés aux diverses combinaisons de la dictée mélodique, pourront plus tard, en étudiant la composition, s'exercer à la dictée harmonique. Ce serait un bon moyen de se fortifier sur l'étude de la composition. L'exercice de la dictée élargit ses applications au fur et à mesure du progrès dans les différentes parties de la musique. C'est aux professeurs à saisir l'idée et à la réaliser par les applications que nous indiquons.

ANALYSE PAR LA LANGUE DES DURÉES DES EXEMPLES DES
TABLEAUX LITHOGRAPHIÉS.

Page 2.

Marche à solfier : ta ju ta ju ta ju ta ju | taa ju fé taa ju
fé taaéé taaéfé | taaéé taaéfé taaéé taaéfé taé taéaé taaéfé | taa
ju fé taa ju fó taaéé taaéfé | ta etc., etc.

Pour ce qui précède, le modèle a déjà été donné plus haut
pour des exercices analogues.

Page 3, n° 3.

2/3 juuu juu ti | taéti taéti | taéti ta ju ti | taéti taéti taéi
juúti | taéti taéti | taaéfé tifi taa juu tii | taéti taeti | taéi aéi.

Page 4, n° 4.

3/2 taaéfé taé taé | taé taé juu | taaéfé taé taé | taé aé juu |
taaéfé taaéé taaéfé | etc., etc.

N° 6.

3/3 taéi taéti tatéti | taéi tatéti tatéti | tafa téfé tifi tafa téfé
tifi tafa téfé tifi | .

N° 8.

4/3 taéi tatéti taéi tatéti etc., etc.

N° 9.

2/3 taéi tatéti | tatéti tatéti ‖ 3/2 taéaté taté | taté taté taté tatéti
| tatéti taté taté | taé aé aé. ⟩

Page 5, n° 10.

2/2 ⟨ taé taté | taaana téééné taju | tarala térélé taté | tarala
térélé ta ju | taé juu. ⟩

N° 11.

2/3 ⟨ tatéti tatéti | tarala térélé tirili taa juuu fi | tatéti tarala
térélé tirili | taéi taé ju. ⟩

N° 12.

2 ⟨ A B
2 ⟨ taté até | até até | afa téé aa téé | taa téé afa téé | afa téé
afa téé | até até | até taé | taé aé. ⟩

Nº 13.

3
2 { taé taé aé | aé taté taté | taé taé aé | aé taté taté | taé aé

taé | aé taé aé | aé taé aé | aé taé aé | ta téa téa té | ta téa téa

té | taé aé aé. }

Nº 14.

Fé | taaéé juuufé taaéé juuufé | taé.

Page 6, Nº 15.

Effet des petites notes.

1º A.

La petite note prend moitié de la note suivante.

3/2 { — ∩ ∩ | 2/2 ✕— , }
taé taé ju té | ta té juu

2º B.

2/2 { ∩∪ ᛁ ᛁ ∪∩ ᛁ ᛁ —∩ ∪ ᛁ }
taza aéééé   taza aéééé   ta za faa éééé

2/3 { ∩∪ ᛁ ᛁ ᛁ }
ta za faa éééé iiii

La petite note en croche barrée ou double croche prend pour sa durée sur la durée de la note suivante 1/8 d'unité dans la division binaire, 1/12 dans la division ternaire.

3º C.

3 { ╱ ᛁ ╲ ╱ ⌒ , } Le même à 6/8.
taaaa éé   fé né taé juu

2/3 { ╱ ᛁ ᛁ ╲ ╱ ⌒ ᛁ , }
taaaa éééé ii fi nì   ta é ju

La durée de 2 petites notes formant avec la note qui précède un groupe dont les extrémités sont les mêmes, est la même que B, mais prise en sens inverse.

N° 16.

2e mesure. 4 } taé aa éfé taa éfé taa éfé | etc.

La 1re et la 3me mesure pourraient être notées ainsi:

ォ   ↗   ∿   — | ⌒   ∿   ＼   ∪   ,   ⊦

et sont analysées de cette manière:

／ ＼ ⌒ —   ⌒ ／⌒ ⊓⌒ ＼ ∪ , }

taé ta za fa na téééé   taé ta za fa na téééé taé juu.

Opération.

1° On monte d'une seconde majeure au mineure, 2° on redescend cette seconde, 3° on descend une seconde mineure, et 4° on remonte cette seconde mineure. Par là, le chant est remis où il était avant le gruppetto.

N° 19. Trill.

4 } taé aé aé aé |

＼— ＼—＼—   ＼—＼—＼—＼—   ＼—＼—＼—＼—＼—

ta té, ta fa té fé, ta za fa na té zé fé né, ta ma za la fa pa na ma témé

＼—＼—＼— | ＼— ＼／ ▮ | }

zé lé fé pé né mé   ta za fa na éééé aé)

N° 20. Mordent.

4 } tazafana téééné tazafana téééné tazafana téééné tazafana téééné | taaaa éééé.

N° 17. Port de voix.

4 } taa éé aa éfé taa éé aa éé | etc., etc.

N° 18. Piqués et détachés.

$\frac{2}{2}$ } té | taa juu téé éé taa aa té ju uu | taa éé ta ju té ju ta fa té fé

ta ju té ju | taa éé aa éé. }

N° 21.

C

4/2 { tafatéfé tafatéfé tafatéfé tafatéfé | etc.

D 6.

4/2 { tatéti tatéti tatéti tatéti | F id.

G comme C.

Pages 10 et 11, n° 5.

Analyse de la 1ʳᵉ ligne seulement.

3/2 { taaana téééé, taafana tééféé, taaaa téééé.
taaaa éééé, taafana tééféé, taafaa tééféé.
taaaa téééé, taafana tééféé, taafaa tééféné.
taafaa tééféné, taafaa tééféné, taaaa éééé.
taafana tééféé, taafaa tééféé, etc., etc.

Page 12.

4ᵉ et 5ᵉ mesure, 1ʳᵉ ligne.

4 { taa téé, taa téé, tafa téfé, taa téé, téé taa téfé, taa, taa éé, etc., etc.

Page 13.

7 et 8ᵉ mesure, 1ʳᵉ ligne.

4 { taé, taaéfé, taé, taé, taé, aé, taé, taé, juu.

Page 14.

Les 4 premières mesures.

2 { taé, taé, taaéfé, taaéfé, taaéfé, taaéfé, taaéfé, juu.

Les 2 dernières mesures.

taé, até. taé, até. taé, juu. }

Page 15, n° 7.

3/2 { un juté, taté. taaéfé, taté, taté. taaéfé, taju, juu, taé, taté, taté, taé, un, deux, taaéfé, taatéé, taatéfé, un juutéfé, taatéé, taé, até, taté. taé, ✕.

FIN DE L'ANALYSE DES DURÉES DES TABLEAUX LITHOGRAPHIÉS.

POST-FACE DE LA 3e PARTIE.

Le lecteur arrivé ici, s'il s'en trouve qui ait eu la patience
de nous suivre dans nos explorations sténographiques, et de les
étudier sérieusement pour pouvoir les juger en connaissance de
cause, aura peut-être été étonné de nous voir attacher
autant d'importance à l'emploi de la sténographie musicale comme
moyen d'enseignement que comme spécialité propre à écrire
la musique dix fois plus vite, comme *sténographie* en un mot.
L'insistance que nous avons mise à proposer la sténographie
musicale comme pouvant être un procédé d'enseignement musical,
a été et sera encore de la part d'un grand nombre d'artistes
un sujet de rejet. L'on refuse aux prétentions du réformateur
ce que l'on eut accordé volontiers aux propositions du sténographe.

La sténographie musicale n'ajouterait rien dans sa spécialité
au progrès de la musique, mais elle peut ajouter au progrès de
l'enseignement de la musique ; il ne faut pas confondre. La
musique, par le talent des compositeurs et des virtuoses, a atteint
tous les développements et tous les progrès que l'on peut désirer,
mais l'enseignement vulgaire de la musique n'existe pas, et il
en sera ainsi tant qu'en fait de musique les hommes lettrés ne
pourront faire l'analogue de ce qu'ils font pour la littérature, à
savoir, être capables de lire ce qu'ils entendent, comprennent,
jugent et répètent même.

Quand on parle de la lecture musicale possible à tous ceux qui
savent lire leur langue, ce qui avec un système alphabétique
serait tout aussi facile, la pensée du monde se reporte de
suite sur tel ou tel artiste dont on admire l'exécution, et l'on
ne voudrait jamais croire que soi-même, l'on pourrait faire de
la musique d'ensemble, être musicien, comme M. *Jourdain* faisait de
la prose, sans le savoir ; pourquoi cela ? Parce que le système
de lecture musicale usuel s'oppose à ce que l'on puisse lire ce
que l'on chante de routine avec la même facilité que tout le
monde, au bout de quelques mois d'étude, a appris à lire ce
qu'il parle de routine.

Il y a autant de différence dans la musique, entre le simple lecteur et l'artiste, qu'il y en a dans la littérature, entre celui qui sait lire et celui qui connaît toutes les ressources, toutes les finesses de l'art oratoire et qui peut en reproduire tous les beaux effets. L'expérience a fait connaître à ceux qui l'ont essayé, qu'un système de notes alphabétiques adapté à la notation musicale aurait, pour former des lecteurs, le même avantage que le système alphabétique des langues modernes possède pour faciliter la connaissance de la lecture à tout le monde. Mais pour devenir artiste, il faut préalablement être musicien-lecteur, comme il faut savoir lire pour aspirer plus tard à l'art oratoire. En conséquence, faciliter les progrès de la lecture musicale, c'est prédisposer aux progrès de l'éxécution artistique de la musique sur la notation usuelle ; voilà la distinction que nous voulons faire saisir aux esprits injustement prévenus contre nos essais, et c'est par là que nous terminons cette troisième et dernière partie de notre MÉTHODE DE LECTURE MUSICALE.

ERRATA.

Pages 19 et 20. Comme la lettre *F* sert à indiquer le forté, nous supprimerons dorénavant l'indication du mot *fin* par *F* employé avec les chiffres de reprise et mis à côté d'eux. Pour l'indication du mot *fin*, nous remplaçons la lettre *F* par le zéro. Ainsi, l'endroit où sera mis le zéro sera celui où l'on devra finir.

Page 33, ligne 4ᵉ, après le mot *significative*, mettez (point et virgule); et après le mot *durées*, effacez (le point et virgule ;)

Id., à la ligne des *consonnes* sous la portée de la 1ʳᵉ clé de fa, en place du 4ᵉ *q*, lisez g.

Page 51, au lieu de 6/8, lisez 7/8.

Page 52, au lieu de 7/4, lisez 7/8.

104, 2ᵉ ligne, après le mot *exécution*, lisez : pourvu que le maître prenne la position indiquée au tome II, *théorie*, page 289.

TABLEAU DE LA GÉNÉRATION DES VALEURS; 1°: — POUR LA DIVISION BINAIRE.

Valeurs fractionnaires du temps appliquées aux syllabes à séparer dans la musique avec paroles imprimée par le 2° mode de la sténographie musicale ou notation sténographique mixte.

Notes de :

                                 temps.

4 ....

3 ....

2 ....

1 ....

1/2 ....

1/4 ....

1/8 ....

Etc.

2°. — POUR LA DIVISION TERNAIRE.

4 ....

3 ....

2 ....

1 ....

1/3 ....

Etc., etc. (Voyez les subdivions ternaires des tableaux précédents.)

163 # Page 141. Pour mieux conserver l'analogie avec la notation usuelle, nous avons dans les impressions pratiques de la musique par la notation mixte, rendu au point ● la signification qu'il a dans la notation usuelle. En conséquence, les silences après les valeurs multiples, sont désignés ainsi :

Pour un temps, la virgule **,** — Pour 1/2 temps la cédille **c** — Pour 1/4 de temps, le trait perpendiculaire **ı** — Pour 1/8 de temps, le **⊤** — Pour 1/16 de temps le **+**

Rectifiez ainsi les pages précédentes où il est question du point de prolongation et des silences.

Page 153. A propos de dictée musicale, nous devons placer ici quelques observations d'Aimé Paris, renfermées dans son Manuel pratique de musique vocale, et qui jettent un grand jour sur les questions d'analyse relatives au ton et au mode.

Pour suppléer à l'insuffisance des moyens indiqués dans les solféges afin de faire distinguer le mode mineur du mode majeur, l'auteur précité fournit les indications suivantes sous les dénominations de *reliefs rhythmiques* et d'*indices*.

« J'appelle RELIEF RHYTHMIQUE, dit-il, l'importance qu'acquiert un son dans un ton et dans un mode quelconque, par ce fait seul qu'il arrive *sur le premier temps* de la mesure qui est toujours *le plus fort*, quels que soient le système de division de chaque temps (*binaire* ou *ternaire*) et le nombre de temps (*deux*, *trois* ou *quatre*) par mesure, etc.

Après avoir suffisamment développé cette théorie avec les exemples à l'appui, depuis page 196 jusque 202 de son ouvrage, il termine par le résumé suivant que nous transcrivons.

RÉSUMÉ DES RELIEFS ET DES INDICES DU MINEUR.

Reliefs sur ⌐ , ╱ , — , ⌐ .

Répétition multiple et consécutive, ou bien encore prolongation du —

Saut ou *fusée* de quinte ⌐— , —⌐ , ⌐⌐╱╲— , —╲╱⌐⌐ surtout avec le ⌐ ou le — en relief.

Saut de ⌐ à —. Exemple ⌐— , —⌐ , ⌐— , —⌐ surtout avec un relief sur ⌐ ou sur —.

Le ∪ paraissant autrement que comme broderie ou comme chromatique.

Le saut d'octave — — de l'aigu au grave.

La suspension d'un sens musical sur ⌐ ou sur ⌐.

Le saut ascendant de — à ⁄.

L'emploi de ⌐ de ⁄ et de — dans les premières mesures de l'air.

Le — frappant fréquemment contre le ∩.

Le saut d'octave ⌐⌐ , ⌐⌐ , ⌐⌐ , ⌐⌐ , dans quelque sens que ce soit.

L'absence du ∩ dominante du majeur.

Le début de l'air par un ⌐ exclusif de l'accord majeur ⁄—∪.

Les 3 sons de l'accord groupés consécutivement dans un ordre quelconque, ⌐⁄— , ⌐—⁄ , ⁄⌐— , ⁄—⌐ , ⌐⁄— , ⌐—⁄ , même s'ils sont pris dans des octaves différentes.

Si nous ajoutons comme 15e indice, la fin d'un air sur un ⌐, nous nous demanderons comment les théoriciens des Conservatoires ont pu n'offrir à eux tous que 4 indications dont 3 souvent sont absentes ou insuffisantes? Quoi qu'il en soit, qu'on examine, en se plaçant à notre point de vue, les airs mineurs, et on se convaincra qu'il n'y en a pas *un seul* pour la détermination duquel on ne rencontre plusieurs indices autres que les 3 données si souvent insuffisantes des livres adoptés ou autorisés.»

Page 154, 5e ligne, après le mot *précisé*, lisez : dans son mode et sa tonalité par la solmisation nouvelle est. . . .

Observation à ceux qui adoptent la solmisation nouvelle.

Dans la pratique, l'on a substitué à la voyelle nasale *une*, pour nommer la sensible bémolisée ou la sus-dominante diésée, la syllabe *ul*, comme plus euphonique et sonnant avec les consonnes voulues, *zul*, *gul*, etc., etc., pour ⌐ ⌐ etc., etc.

Lorsque la musique est en partition, les signes • ᴄ et ∎ se mettent toujours sous la note, afin que l'œil n'hésite pas entre les 2 notes concordantes.

TABLE DES MATIÈRES

CONTENUES DANS LE TOME III DE LA MÉTHODE.

Planches lithographiées,

A la fin du volume ou en Atlas séparé.

N. B. — Le Questionnaire, annoncé comme devant figurer à la fin
de la théorie de cette méthode, se trouve à la partie pratique,
1er volume.

N. B. — Ce volume est terminé par quelques pages de
partitions vocales, donnant le spécimen des chœurs et chansons
populaires qui doivent être publiés en notation sténographique
MIXTE, dans le but de fournir aux étudiants en musique des
exercices préparatoires à la sténographie musicale PURE, ou art
d'écrire le chant aussi vite qu'il est émis.

Nº 1. **LE PRINTEMPS**, air mis à 3 voix, par BATTON.

1 Triste hi - ver, la pâle ar - deur a chas - sé joie et bon-heur. Du prin-temps le
2 Des fleurs que j'ai vu mou - rir, on n'a que le sou - ve-nir; leur par-fum n'est

gai sou - ri - re, sous les noirs fri - mats ex - pi - re. Re-viens prin-tems à nos yeux
plus qu'un son - ge qui trop long-tems se pro-lon-ge; re

mon-trer ton front ra - di - eux.

N. B. — Les notes isolées par un double filet indiquent la place des sons pour le passage d'une partition à l'autre.

Nº 2. **LE CHANT POPULAIRE**, par SPAETH.

ANDANTE.

1 Prê-tez l'o - reil - le, l'é-cho s'é-veil - le, peu-ple fran - çais. Chant po-pu-
2 Cet - te harmo - ni - e douce et ché - ri - e dans ce sé - jour nous vint trem-
3 Mais doux pré-sa - ge, l'on en-cou-ra - ge ses nour - ris - sons, et la pa-

R. F.   P.

lai - re viens et pros - pè - re par nos pro - grès.
blan - te et chan-ce - lan - te le pre-mier jour.
tri - e semble at-ten - dri - e par nos chan - sons.

N° 3. **NOCTURNE**, musique de Nœgeli, paroles de ...

P.   ALLEGRETTO.   Cres.   P.

Bon-ne nuit !   Bon-ne nuit !   Du ber-ger l'é - toi - le luit

P.   P. P.

à   cette heu - re tout s'a - pai-se ; on res - pi - re mieux à   l'ai - se

Poco. Cres.   P.   P. P.

plus   de pei-ne, plus de bruit. Bon -ne nuit ! Bon - ne nuit !

Chant d'École avant la classe. (Pas redoublé.)

N° 4. **ENTRÉE EN CLASSE**, musique de Wilhem, paroles de Battelle.

P. TUTTI.   F.   P.

Plan plan, plan plan, ra -ta - plan, ran- tan - plan, plan plan, plan plan ra - ta-

P.   P.

plan. Plan plan, plan plan, ra - ta -plan, ran - tan -plan, plan plan, plan plan, ra - ta-

Dol. Soli.

plan, plan. Pour en - trer en clas-se met-tons - nous en rang, et que l'on se

Tutti.

pla - ce cha-cun sur son banc. Plan plan, etc.

N° 5. **LE SOUVENIR DU PAYS.**

Chant sur un air Montagnard, arrangé par F. Grast.

ANDANTINO.

O mon pa - ys! heu - reu - se ter - re où le sort pla - ça ma car-

riè - re, ta mé-moire à no - tre bon - heur si chè - re, rem - plit de

son charme en-chan - teur le cœur.

Nº 6, ADIEU DES SOLDATS SUISSES AU VILLAGE,

(Tiré d'un recueil des chants populaires de la Suisse.)

Marche au pas de route.

1 Voy - ez du vil - la - ge les toits fu - mer là - bas, nous par - tons cou - ra - ge,
2 Fils de la pa - tri - e, là sans doute à ge - noux, à cette heure on pri - e
3 Lieu qui m'a vu naî - tre, de ces monts je te vois. Hé - las ! c'est peut - ê - tre
4 Mère fai - ble et ten - dre, ah! si tel est mon sort, meurs a - vant d'ap-pren-dre
5 Mais fo - lie ex - trê - me, (al-lons, c'est mon es-poir,) sau-ver ceux que j'ai-me,

1 cou-rage aux sol-dats. Tra la ra, tra la ra, tra la ra, la la la la la la.
2 pour elle et pour nous.
3 la der - niè - re fois.
4 ma gloire et ma mort.
5 et puis les re - voir.

Nº 7. AIR ANCIEN DE CHASSE, mis à 3 voix, par PANSERON.

1 Du cor, au fond des bois, a - mis en - ten - dez-vous la voix ? Du cor, au fond des
2 Par les chiens a - ver - ti, dé - jà l'a - ni - mal est par - ti ; par les chiens a-ver-
3 A la ruse, aux dé-tours, d'abord la vic-time a re-cours ; à la ruse, aux dé-
4 Mais à tra - vers l'é-tang, le cerf plon-ge tout ha - le - tant ; mais à tra - vers l'é-
5 Mais l'a - ni - mal cer - né con-tre l'en-ne - mi s'est tour-né ; mais l'a - ni - mal cer-

1 bois, a - mis en - ten-dez-vous la voix ? En a - vant cour-siers pi-queurs et li-miers, car le
2 ti, dé - jà l'a - ni - mal est par - ti ; d'un es - sor lé-ger, il fuit le dan - ger, et com-
3 tours d'abord la vic-time a re-cours ; sur quel-qu'un des siens, dé-pis-tant les chi-ens qui
4 tang, le cerf plon-ge tout ha - le - tant ; aus-si prompts que lui, les chiens l'ont sui-vi ; le flot
5 né con - tre l'en-ne-mi s'est tour-né ; plus d'un as - sail-lant re-tombe ex - pi-rant ; son no-

1 cerf pres-sent le sort qui l'at-tend. Chas-seurs é - lan-cez-vous, bien-tôt la vic-toire est à
2 me le vent, il vo - le de-vant tay - aut, a - mis, tay-aut, nous sau-r. l'at-tein-dre bien-
3 japent con-fus de se voir dé-çus; mais un li - mier bien-tôt ra-mène la meu - te en dé-
4 é - cu-meux jaill-it au-tour d'eux, tay-aut, a - mis, tay - aut, nous sau-r. l'at-tein-dre bien-
5 ble mal-heur é-meut le vain-queur; frap - pé d'un trait sou-dain, il suc-combe, à nous le bu-

1 nous.
2 tôt.
3 faut.
4 tôt.
5 tin.

Nº 8. **NOCTURNE**, air de LULLI, mis à 3 voix, par CHERUBINI, paroles de ...

1 J'aime à voir la lu - ne se le - ver le soir, lors-qu'a-près la bru - ne
2 C'est qu'une pla - nè - te, glo-be né-bu - leux du so - leil, re - flè - te
3 O que ta puis - san-ce est gran-de Sei - gneur! quelle con - fian-ce

1 il ne fait pas noir. Sa dou - ce lu - miè-re - in-vite au som-meil, et je la pré-
2 l'é - clat lu - mi - neux; et lors - que la ter - re vient à la ca - cher, la lune en sa
3 doit rem-plir mon cœur! La voû - te cé - les - te me par-le de toi; l'É-van - gile at-

1 fè - re a - lors au so - leil.
2 sphè - re ne peut plus bril - ler.
3 tes - te ton a - mour pour moi.

Nº 9. **CHANT D'ÉCOLE**. Sortie de Classe. Pas redoublé.

1. La classe est ter - mi - né - e, re - ti-rons-nous con - tents, fi - nir cet - te jour-
2 D'ac-qué-rir la sa - ges - se soy - ons tou-jours ja - loux ; tra - vail-lons y sans

1 né - e au - près de nos pa - rents ; que de-main nous ra - mè - ne a - près un doux re-
2 ces - se, Dieu nous bé - ni - ra tous. Sei-gneur, dans notre en - fan-ce, ré-pands tous tes bien-

1 pos, à re-pren-dre sans pei-ne le cours de nos tra - vaux. La
2 faits ; qu'en vers nous ta clé - men-ce ne ta - ris - se ja - mais. D'ac -

Nº 10. **CHANT MILITAIRE**. Pas redoublé.

1 Pour se mettre en rou - te dans son noble é - tat, sou-vent il en coû - te aux jeu.
2 Aus - si du vil - la - ge par-tant à re - gret, ce n'est qu'en voy-a-ge qu'un tr.
3 D'a - bord il s'obs - ti - ne à ne pas chan-ter; puis, sim-ple ma-chi-ne, il va
4 Mais plus il a - van-ce, et plus son cha - grin cè - deà la ca-den-ce de ce
5 Vienne u - ne ba - tail-le, le hé - ros d'un jour bra - ve la mi - trail-le au son
6 Près de son vieux pè-re, quand il re - vien-dra, no - tre mi - li - tai-relong-tems

1 nes sol - dats. Plan, plan, ra ta plan, ra ta plan, ta plan, ta plan, plan plan, ra ta
2 pier se fait :
3 ré - pé - ter :
4 gai re - frain :
5 du tam - bour :
6 re - di - ra :

plan, ra ta plan, ta plan, ta plan, ra ta plan, plan, plan.

Nº 11. **MARCHE D'ATELIER**, air ancien, mis à 3 voix, par T... 1, 2, 1, 0.

1 MODERATO.

Nous nous met-tons en mar-che, mi-ron - ton, mi-ron-ton, mi-ron - tai - ne.

0. 2.

Nous nous met-tons en mar-che pour al - ler tra-vail - ler, car il faut s'oc-cu-

1.

per pour ne pas s'en-nuy - er.

Nº 12. **LA MATINÉE DU PRINTEMPS**, par OSTHOFF, paroles de ...

1 Quel vent lé - ger dans le ver-ger ti - mi - de-ment mur - mu-re ! N'en-
2 Cha - que ra-meau de l'ar-bris-seau est fré - mis-sant de joi - e. Aux
3 Sur les cail-loux le chant si doux de l'eau pré - ci - pi - té-e se
4 Le gai prin-t^{ms} quand je l'at-tends, des fri - mats me con - so-le ; et

M. F.

1 tends-tu pas? l'é - cho tout bas ré - pond, sous la ver - du-re, tout bas, tout bas.
2 feux du jour a - vec a-mour la plan - te se dé - ploi-e, a - vec a-mour.
3 mé-le au chant plain - tif et lent de la gri-ve abri - té-e se re - po-sant.
4 le bon-heur res-te en mon cœur, quand le prin-temps s'en - vo - le, reste en mon cœur.

Nº 13. **NOCTURNE**,

(Tiré des recueils du chant national suisse.)

ANDANTE. P. P. M. F.

1 Dou - ce - ment, dou - ce - ment, cé - lé - brons en ce mo - ment où va
2 Nos ac - cents, nos ac - cents, par leurs ac - cords in - no - cents, sont comme
3 Il est nuit, il est nuit; dans le ciel un as - tre luit, mo - dé-

1 dor-mir la na - tu - re u - ne soi - rée aus - si pu - re,
2 un lé - ger mur - mu - re. Au maî - tre de la na - tu - re
3 rons notre har-mo-ni - e. Quand som-meil-le la pa - tri - e,

1 où va dor-mir la na - tu - re u - ne soi-rée aus - si
2 sont comme un lé-ger mur - mu - re. Au maî - tre de la na-
3 mo - dé-rons notre har-mo - ni - e. Quand som-meil-le la pa-

1 et - pro - lon-geons   no - tre   chant,   dou - ce - ment, dou - ce - ment,
2 nous of - frons re -   con - nais - sants,   nos ac - cents, nos ac - cents,
3 mes frè - res chan   tons sans   bruit,   il est   nuit, il est   nuit;

1 pu-re, ét pro-lon-geons   no tre
2 tu-re nous of-frons re - con-nais-
3 tri-c mes frè-res chan - tons sans

P. P.

1 dou - ce - ment.
2 nos ac - cents.
3 il est nuit.

FIN DE LA TROISIÈME PARTIE

Abbeville. — Imp. JEUNET, rue Saint-Gilles, 108.

TABLEAUX DE LA STÉNOGRAPHIE MUSICALE.
2ᵉ Edition,
corrigée, augmentée et entièrement refondue.

Tableau
abrégé et récapitulatif des 2 notations.
(Voir pour les explications page 53 du 3ᵉ Volume
de la Méthode.)

N.º 5.

N.º 6.

N.º 7.

N.º 8.

Nº 9.

7/4   1/2   3/4

N.º 11.

N.º 10.

N.º 12.

N.º 14.

1 P
2 Pp
3 F
4 FF
   EP
   PF

9 ou 6 et 10.

1ᵉʳ Système. — 1ᵉʳ Mode. — 1ʳᵉ Section.

Nº 2. (a é i eu o u a é i eu o u ou

Nº 1. BW. *Petite Marche à solfier en canon à 3 parties.*

Bo bo bo bo ta zou ta zou ta zou lé lé tau lé ta lé

ni poo feu ni feu ni feu ni feu ni lé tanu lé ta zou bo bo bo

Traduction sténographique (Voyez p. 62 du 3ᵉ Vol.)

2ᵉ Tableau. 2ᵉ Section du 1ᵉʳ Mode. 1ᵉʳ Système.

Sténographie musicale proprement dite, spécialisée par la liaison.

Nº 1. *Octaves non bouclées* (Voyez p. 63 du 3ᵉ Vol.)

aoi, oi deux

où

Voix

Liaison par deux

Liaison

2 Octaves intermédiaires

Nº 2. *Octaves bouclées*

Liaison par deux

par plusieurs

No 3. Liaison générale des signes des deux proportions.

Voyez page 67 du 3. Vol.

1er Exemple sur deux canons de Choron, N.ºs 44 et 45.

No 4. 2.e Exemple sur un exercice de 7.e position du violon.

3.e Tableau.

Voyez page 71 du 3.e vol.

No 1. Andantino

No 2. Allegro

No 3

No 4.
Moderato
Transposé
No 5
Allegro.
Transposé
No 6
No 7.
Cantabile
No 8.
Transposé
No 9
9 bis.

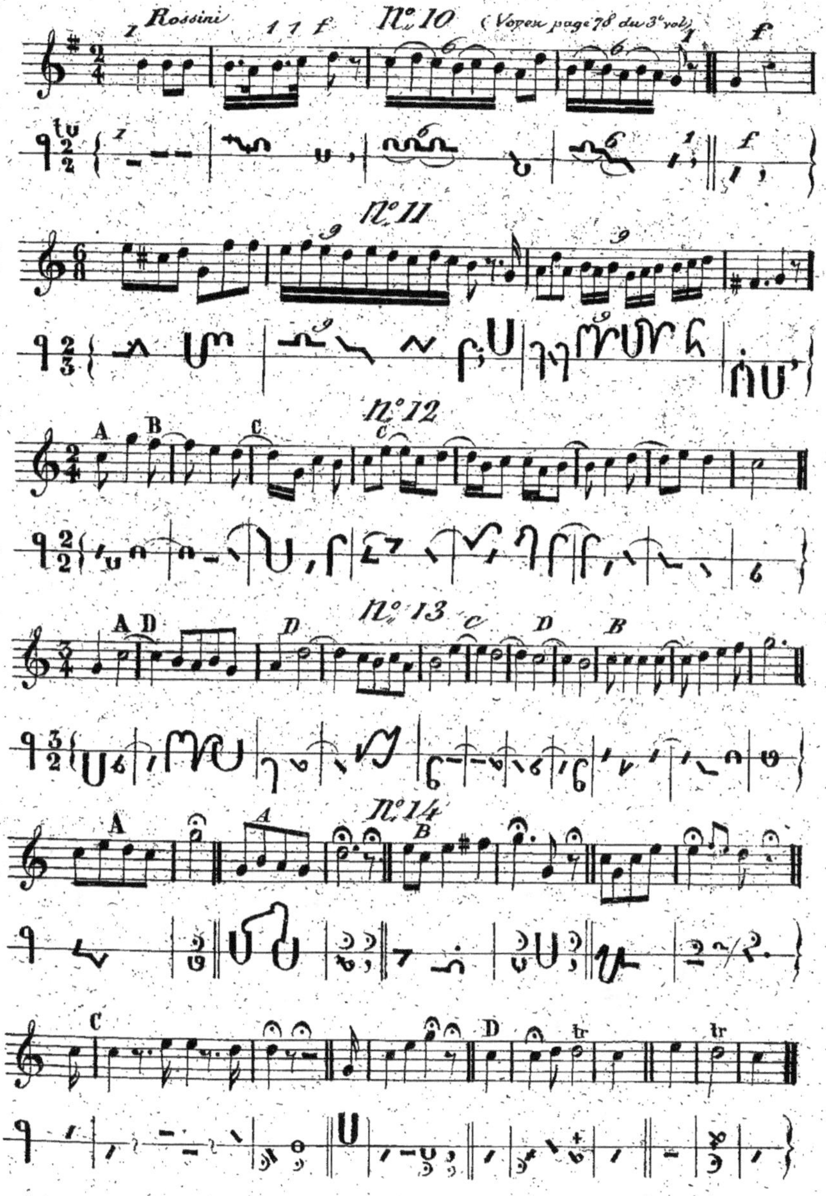
Rossini
N° 10
(Voyez page 78 du 3e vol.)
N° 11
N° 12
N° 13
N° 14

Voyez page 94 du 3e Vol.
N°14.
E
Allegretto
N°15
A
B
C
N°16.
Gruppetto de 4 notes.
N°19.
Trill
N°20
Mordent.
Effet
Effet

N° 17
Effet
&
N° 18.
N° 21. Abréviations.
A
B
C
Effet
D
6
Effet
E
D
Effet
F
G
Effet
Abrévation
Effet
Abréviation
Abrev
Effet
Effet
Abréviat.
Effet
Abréviat.

5ᵉ Tableau, 3ᵉ Section.

Spécimen de la grosseur des signes adoptés pour
lisibles, au besoin, à

Notations

(Voyez page 100 du 3.e Volume.)
les grands cahiers d'exécution chorale simultanée,
mille exécutans à la fois.

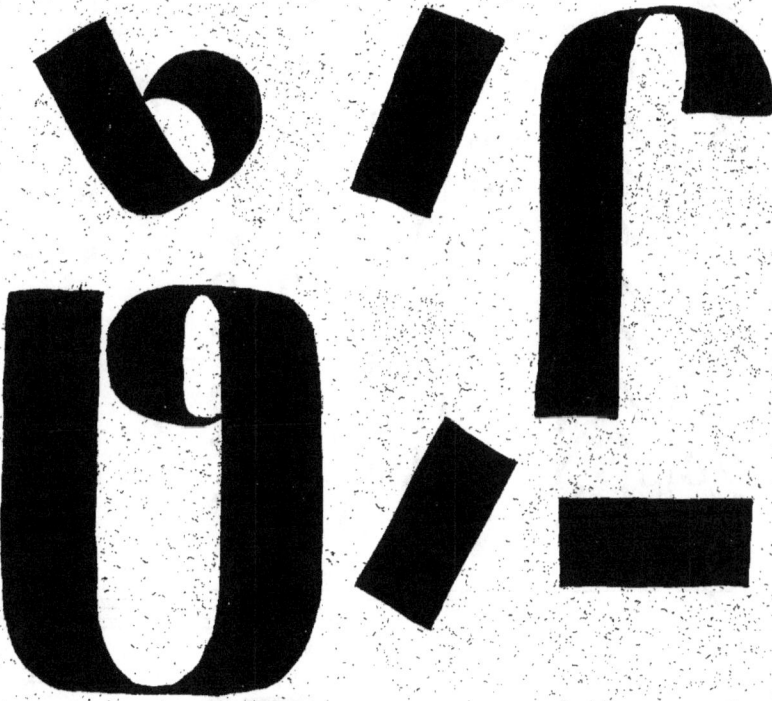

Parallèle des 4 manières.

6e. Tableau. 2e. Mode
affectée aux instrumens concordants
Voyez 3e. Vol.

ou Notation mixte,
et à la Typographie musicale.
Page 106.

N.º 2.
silences
relatifs

N.º 4.

1/16 ou pour 1/4 ou 1/8 ou 1/16 ou

N° 1. *Andante* (Voyez page 112 du 3e vol.

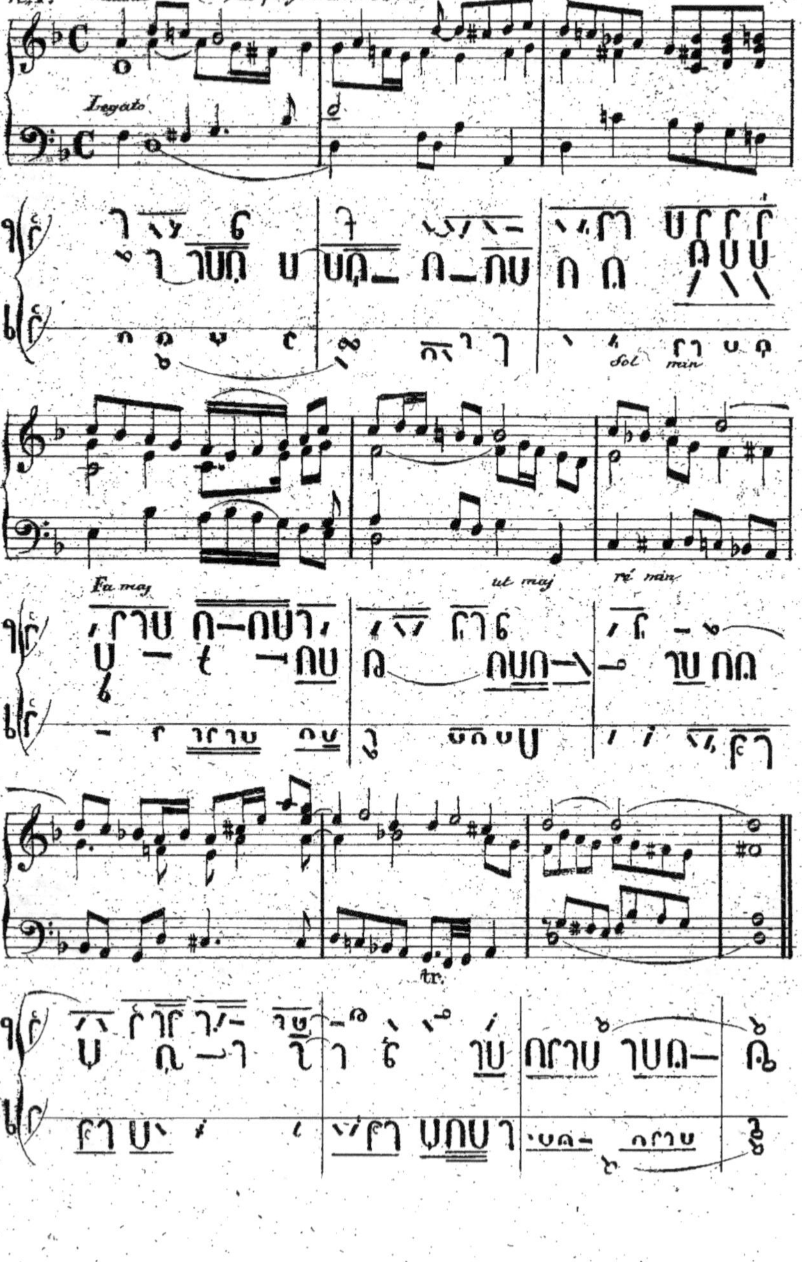

No: 2

Mezzo F

Accords de l'harmo ni é ve nez de notre vi e Par vos ac

cents charmer les courts instants

Exemples de notes détachées & liées selon les syllabes.

Voyez page 117 du 3.e Vol.

N.° 3. Chant à 3 voix égales. L'amour de la Patrie.

Pour la vie elle au ra nos cœurs sans re tour

la patrie où nous a Des ri ches cam

la pa trie ou nous avons re çu le jour

pa gnes Des belles mon ta gnes font tout notre a mour

Des riches cam pa gnes Des belles montagnes font tout notre a mour

N.° 4. Les cloches du village, canon de Berton à trois voix.

Din din din din Don don Don don. En ten dez vous di nos clo ches le

ca ril lon qui fait din din din din din din din din

don din don din don din din din din don din don din

Don din Don din don din

7e Tableau.

Notation Double, 1er genre (Voyez p. 132 et 135 du 3e Vol.)

Rondes   Blanches   Noires

N°1   N°2

N°3 Croches   N°4 Croches liées   N°5 Doubles croches   Autre modification

Exemple de transposition sur un canon de J.G. Maiche à 3 voix

N°6 A Allegro   B

Ah! le joli mouli-net qui fait tique tique, tique, tac tic taque

C   A

nuit et jour qui fait tique tique tique tique taque, Nuit et jour. Ah

N°7 A   B   C

ba zi gé teu zi gé gé teu zi lo teu zi zo zoro noro zi

D

ge zi teu lo nu lo teu zi zi teu lolo vou vou vouvou ba

N°8 A   B   C   D

za mé vi za vi beu go la la toutou la go vi za gogo za

N.º 1.ᵉʳ

8.ᵉᵐᵉ Tableau.
(Voyez page 139 du 3.ᵉ Volume)

2.ᵉ genre de notation double, par liaison de 2.notes.

Valeurs des notes doubles relatives à 3 positions sur une ligne tracée à l'avance.

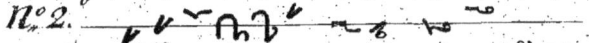

N.º 2.

Figures des valeurs unitaires ou fractionnaires. Valeurs de 1, ½ et ¼ de tems, sous, sur ou par dessus la ligne. Ton de Bazilo.

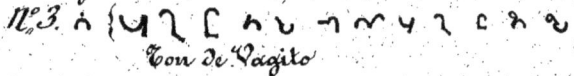

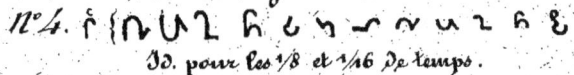

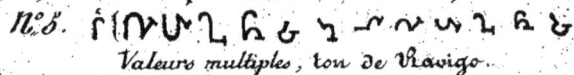

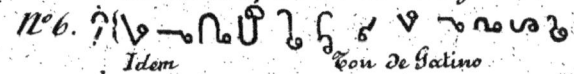

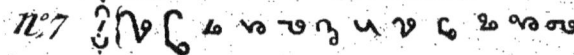

N.º 3.

Ton de Vagito.

N.º 4.

Id. pour les ⅛ et 1/16 de temps.

N.º 5.

Valeurs multiples, ton de Viavigo.

N.º 6.

Idem.   Ton de Gatino.

N.º 7

Exemple sur un canon à 4 voix, Ton de ma♭bixo.

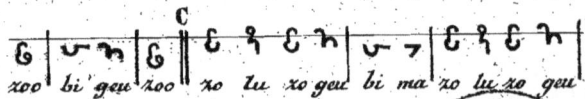

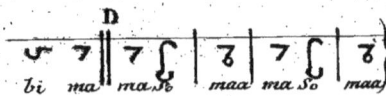

N.º 8.

ma vé bi ma ma ve bi ma bi geu

zoo bi geu zoo xo lu xo geu bi ma xo lu xo geu

bi ma ma xo maa ma xo maa

The table on the left (read by columns):

Nom de la place des sons.	Figure du nom de la place des sons	Figure du nom de la propriété	Nom de la propriété des sons par la voyelle.
			ou
	z		u
	b		o
	v		eu
	m		i
	r		a
	d		ou
	s		ou
	q		u
	f		o
	n		eu
	l		i
	t		é
	Z		a
	G		ou
	B		u
	V		o
	M		eu
	R		i
	D		é
	S		a
	Q		ou
	P		u
	P		o

(4.ᵉ octave — 3.ᵉ Octave — 2.ᵉ octave — 1.ᵉ Octave)

www.ingramcontent.com/pod-product-compliance
Lightning Source LLC
Chambersburg PA
CBHW070402090426
42733CB00009B/1502